60

SEGUNDOS PARA ORGANIZARSE

60
SEGUNDOS PARA ORGANIZARSE

SESENTA CONSEJOS PRÁCTICOS PARA

COMBATIR EL CAOS EN EL HOGAR

Y EN EL TRABAJO

Jeff Davidson

EDICIONES OBELISCO

Si este libro le ha interesado y desea que lo mantengamos informado de nuestras publicaciones, escríbanos indicándonos qué temas son de su interés (Astrología, Autoayuda, Ciencias Ocultas, Artes Marciales, Naturismo, Espiritualidad, Tradición...) y gustosamente le complaceremos.

Puede consultar nuestro catálogo en www.edicionesobelisco.com

Colección Éxito

60 SEGUNDOS PARA ORGANIZARSE
Jeff Davidson

1.ª edición: noviembre de 2007

Traducción: *Natalia Labzóvskaya*
Maquetación: *Mariana Muñoz*
Corrección: *Carolina Montoto*
Diseño de cubierta: *Enrique Iborra*

© 2007, Jeffrey P. Davidson
(Reservados todos los derechos)
© 2007, Ediciones Obelisco, S.L.
(Reservados los derechos para la presente edición)

Edita: Ediciones Obelisco S. L.
Pere IV, 78 (Edif. Pedro IV) 3.ª planta 5.ª puerta.
08005 Barcelona - España
Tel. 93 309 85 25 - Fax 93 309 85 23
E-mail: obelisco@edicionesobelisco.com

Paracas, 59 C1275AFA Buenos Aires - Argentina
Tel. (541-14) 305 06 33 - Fax: (541-14) 304 78 20

ISBN: 978-84-9777-420-8
Depósito Legal: B-39.476-2007

Printed in Spain

Impreso en España en los talleres gráficos de Romanyà/Valls S. A.
Verdaguer, 1 - 08786 Capellades (Barcelona)

 FEB 2009

Prólogo

A veces, cuando estoy tratando de concentrarme en un proyecto, noto con una mirada de soslayo, sobre mi mesa, algo relacionado con otro proyecto. Comienzo a prestar atención a esta otra tarea y me distraigo de mi trabajo. Como explicará Jeff Davidson, no es la otra tarea lo que crea la demora, sino el desvío de la atención y la falta de concentración que me apartan de lo que estaba haciendo. La falta de organización me roba tiempo y energía mental.

La lectura de *60 segundos para organizarse* me reorganizó la mente en función de dar una limpieza a mi mesa de trabajo. El tiempo que invertí en la lectura de los consejos de Jeff me preparó la mente para la reorganización, del mismo modo que los ejercicios de estiramiento me preparan el cuerpo para el tenis. Ésta es la manera como Jeff enfoca la organización: como un ejercicio de control, eficacia y paz mental.

Cuando leas *60 segundos para organizarse* aprenderás cómo cada uno de los 60 consejos –uno por cada segundo que componen un minuto– puede ayudarte a restablecer el orden en cualquier área de tu vida, trátese del escritorio, el coche o la mesa de cocina. Si un consejo no logra ponerte en movimiento, puedes pasar con gran facilidad a otro que sí lo ha de hacer. En unos segundos, recogerás un par de pepitas de oro que te permitirán emprender el sendero para rehacer tu vida.

Ahora que he acabado con mi propio desorden, estoy comenzando a saber mucho más sobre mí mismo. Tal vez he llevado demasiado lejos todo este asunto de organización.

Warren Farrel, doctor en Filosofía.

Autor de *Why Men Are the Way They Are y de Women Can't Hear What Men Don't Say*

Introducción

¿POR QUÉ HE DE SER ORGANIZADO? ¿Para qué molestarme? ¿Para qué? Derek Bok, ex presidente de la Universidad de Harvard, obtuvo sus 15 minutos de fama cuando dijo simplemente: «Si creéis que la educación es cara, intentad la ignorancia». Si crees que volverte organizado es algo que consume tiempo, intenta la desorganización.

Si los lugares y espacios que te rodean están siempre desordenados, ¿cuáles son las consecuencias potenciales que esto te puede acarrear? ¿No te sientes abrumado por la interminable lista de responsabilidades y tareas que debes realizar? ¿No estás atrapado por un aparentemente inflexible ciclo de trabajo que te hace sentir como si estuvieras siempre corriendo a la zaga? ¿No te ves rozando una y otra vez plazos y, a veces, terminando proyectos con retraso? Si has respondido que sí a cualquiera de estas preguntas, puedes tener la herramienta idónea para ayudarte a ti mismo a llegar a ser y permanecer más organizado.

Considera la serie de situaciones, lugares y espacios (tanto mentales como físicos) en tu trabajo y tu vida privada, donde con toda probabilidad vale la pena ser organizado, tales como:

- Áticos
- Sótanos
- Bodegas
- Armarios
- Colecciones
- Acumulaciones
- Escritorios
- Carpetas

- Garajes
- Despachos en casa y en el trabajo
- Reuniones
- Traslado a un nuevo lugar
- Cubículos
- Control de documentos
- Guardarropa

Cuando empieces a anotarlo todo, la lista se vuelve bastante larga. Es probable que te preguntes cómo te vas a enfrentar a cada una de esas áreas. Por suerte, sólo necesitas comprender unos pocos principios rectores y técnicas fundamentales para mantener tu vida en orden. Y, dichoso tú, que puedes aprenderlo todo en este libro, ameno y pequeño. ¡Vamos a emprender la organización ahora mismo y de ahora en adelante!

La desorganización es costosa y sus efectos negativos pueden causar estragos en tu carrera sin que tú mismo te des cuenta. O tal vez te des cuenta pero no soportes pensarlo. ¿Emites a otros un mensaje negativo? ¿A la gente no le gusta pedirte ayuda? ¿Te miran como a alguien que no encaja en el equipo? ¿Dejas sin acabar tareas importantes porque no eres lo suficientemente organizado como para llevarlas a término? ¿Tienes más ausencias o llegas más tarde que otros en tu organización?

¿Tienes alguna incapacidad de la que debas deshacerte? ¿Representa tu desorganización un intento por recoger y retener trozos de tu pasado? ¿Dificulta esta acumulación de material atrasado tu capacidad para enfrentarte con éxito a los retos actuales? ¿Se ve tu productividad reducida por el amontonamiento que te rodea? ¿Te sientes culpable cuando no te ves enfrascado en actividades relacionadas con el trabajo? ¿Haces más horas extra de lo que te gustaría?

Las personas desorganizadas conocen muy bien todos estos problemas. Además de los efectos negativos que la desorganización puede tener en tu carrera, considera también lo que puede ocasionar en tu vida personal. Algunas personas creen que la desorganización puede estar asociada a ansiedades o enfermedades. Si sospechas que tu salud y felicidad corren peligro, éste es el momento de enfrentarte a la tarea de volverte organizado.

Respondiendo a la vida

Para organizarse y seguir siendo organizado hay que dedicar esfuerzo y pensamiento, pero esto ahorra tiempo y proporciona paz mental. Está bien, algo de paz mental. La paradoja, no muy grande por cierto, es que uno invierte tiempo para ahorrar tiempo. Si esto te ayuda, considera volverte organizado como una preparación para «responder a la vida».

Si consideramos el océano de bienes materiales, información constante e interminable comunicación que bombardea a diario a todos nosotros, el llegar a ser organizado es para ti un problema cada vez mayor, y es probable que poseas demasiados ítems, que se te han acumulado y amontonado en exceso.

Nadie nace con una destreza especial de organización, y tú, en particular, y todos tenemos que aprenderla sobre la marcha. Cuando al final llegues a ser organizado, ¿acaso dejarás de serlo un tiempo después, pensando que vivir sin el caos y el desorden no ofrece esperanzas? La clave para organizarse y permanecer organizado consiste en reconocer lo valioso que resulta tenerlo todo en orden, y entonces hacer los cambios necesarios para acabar definitivamente con el caos. Para muchos, es un alivio saber cuánto tiempo esto puede tomar. Creo que para la mayoría de las personas es un equivalente de tres fines de semana completos y cuatro o cinco noches de entre semana.

P: Dime, Jeff, ¿por qué algunas personas se niegan a organizarse incluso aunque lamenten su propia desorganización?

R: Ni idea. Tal vez enfoquen la organización con miedo y temblor. Algunas personas piensan que imponer orden en su vida les puede privar en cierto modo de su esencia interna o perturbar su estado primitivo. Se vuelven ansiosos al pensar en organizarse. Sin embargo, llegar a ser organizado y permanecer siéndolo es un elemento para una carrera exitosa y, posiblemente, para una vida familiar feliz.

¿Hasta qué punto eres organizado? Si tu respuesta inmediata es «ni me lo preguntes», te tengo reservada una sorpresa: un breve cuestionario Por favor, utiliza un lápiz suave número dos y no apartes la mirada de tu propio papel; sólo te engañarías a ti mismo… Ahora bien, si respondes «sí» a cualquiera de las siguientes preguntas, déjalo todo y lee el consejo que se sugiere.

1. ¿Inviertes cinco minutos o más para encontrar una carta o un documento? No toma tanto tiempo encontrar una simple hoja de papel. No trates de engañarte. Si no puedes encontrarla, es porque no puedes.
2. ¿Hay sobre tu escritorio papeles de hace meses? Un escritorio no es una carpeta.
3. ¿Tienes problemas para encontrar en tu escritorio un ítem particular que utilizas a menudo? Es posible que sea mejor dejarlo encima del escritorio.

4. ¿Sientes que podrías organizarte si tuvieras más espacio? Más espacio es pocas veces la respuesta correcta; la mejor solución es apartar o arrojar lo que no es esencial.
5. ¿Tienes pilas de periódicos y revistas que no has tenido tiempo de leer? Si te propones leer todo esto de cabo a rabo, buena suerte. ¿Por qué no extraer simplemente un puñado de los artículos que te parezcan más interesantes y desembarazarte del resto?
6. ¿Has encontrado alguna vez en el fondo de un montón algo que ni sabías que estaba allí? ¡Puedes perder cualquier cosa! Disminuye tus montones eliminando papeles viejos y deja aparte los importantes.

Si ninguna de las preguntas que forman parte del cuestionario se aplica a ti, ¡felicidades! Puedes empezar con el consejo núm. 1. Si todas las preguntas se te aplican, ¡de todos modos tiene sentido empezar con este consejo!

AL AFRONTAR GRANDES PERSPECTIVAS

1 Relájate: organizarse ⤴ no es tan malo

En los años cincuenta y a lo largo de los años sesenta y setenta surgió el Success Motivational Institute, Nightingle-Conant, y muchas otras instituciones dedicadas al auto-perfeccionamiento. Estas instituciones ofrecían programas de motivación diseñadas para ayudar a los oyentes a alcanzar metas personales, entre ellas, llegar a ser organizados.

Allá por los años ochenta, surgieron docenas de compañías que ofrecían casetes, vídeos y otros materiales acerca de prácticamente todos los aspectos de la vida profesional y personal. Con toda evidencia, estos medios podían ayudar a cualquiera a salir del punto A y llegar al punto B con mayor eficiencia. En los años noventa, tales programas empezaron a ofrecerse en CD-ROM y en otros formatos digitales y electrónicos.

Sin embargo, la falta de investigación científica en el campo del éxito humano impulsó a muchos estudiosos y periodistas a burlarse de lo que se le estaba diciendo al público acerca del auto-perfeccionamiento.

El doctor David McClelland, de la Universidad de Harvard, fue uno de los investigadores más prominentes en explorar el vínculo potencial entre el funcionamiento mental y el éxito profesional o personal. Durante las varias décadas que antecedieron a su muerte en 1998, McClelland estudió los vínculos potenciales entre aquello en que uno piensa y lo que alcanza a obtener.

McClelland estaba convencido de que hombres y mujeres de orígenes humildes podían romper filas y rediseñar su vida. Por cierto, ésta es una noticia maravillosa para quienes algún día han tenido un anhelo de ser todo cuanto podrían ser. Ahora, estás en el principio.

Si estás leyendo este libro, es probable que seas uno de los individuos que desean mejorar su vida al generar una rutina de organización, independientemente de si necesitas organizar tu vida de oficina, tu hogar o tus pensamientos.

Tienes el poder de plantear y alcanzar tus objetivos de llegar a ser y seguir siendo organizado y de usar este poder también en otros aspectos de tu vida. Tienes la capacidad de hacer que tu propia motivación personal venza los retos y las barreras que puedan surgir en tu camino para que así puedas alcanzar el nivel de organización que desees. Así que no busques más excusas…

Aquí tienes una nueva perspectiva: ordenar las cosas puede resultar divertido, o al menos agradable. Si has asistido alguna vez a un partido de hockey y has visto la máquina de Zamboni que se utiliza entre los tiempos, entonces has presenciado un enfoque creativo de una tarea. El operador de la máquina se desliza por el hielo cuidadosamente, en círculos, y esparce una fina capa de agua que pronto se congela y deja la pista como nueva, dura, lisa, limpia y lista para el nuevo tiempo de juego. Por tradición, los operadores de la máquina empiezan dando una vuelta alrededor del área más alejada del centro de la pista, y luego van acercándose a éste, creando dos muy grandes semicírculos.

Entonces, en forma de espiral, el operador termina una mitad de la pista, desplazándose cada vez más hacia el centro de la parte en que está trabajando. Después da una vuelta y termina la otra mitad de la pista. Cuando concluye su trabajo, toda la capa de hielo es lisa, brillante y está lista para los jugadores. Cada tarea organizativa que desees emprender, por insignificante o superficial que sea, puede convertirse en un proyecto retador, como el de la máquina de Zamboni. Por ejemplo, si tienes que reordenar estantes, proponte reordenarlos de un modo eficaz. Si tienes que limpiar de desechos tu patio trasero, conviértelo en un reto. En muchos casos, no existe una única «manera correcta» de hacerlo, así que procede del modo que te sea más agradable.

Independientemente de cómo trates de organizarte, tienes la opción de enfocar la tarea de diferentes maneras, y entonces podrás supervisar con éxito tu propio progreso.

2 Aprende tu ABC

Considera esto: ¿por qué eres capaz de alcanzar lo que alcanzas? Los tres elementos básicos de cualquier cambio de conducta son:

1. Antecedentes
2. Una acción o conducta en sí
3. Las consecuencias de esta acción o conducta

¡Éste es el ABC del cambio de conducta!

Supón que estás conduciendo un coche por una carretera campestre en un cálido día primaveral. De pronto, divisas una señal de «pare». Es el antecedente. La conducta que se deriva de esto es que tú en tu coche, te detienes. Como consecuencia, obedeces la ley evitando la posibilidad de un accidente o de que te detengan por no haberle hecho caso a la señal de «pare». ¡Unos momentos después, puedes seguir tu camino!

Imagina esta misma situación, pero con una conducta diferente. Ves una señal de «pare» (antecedente), y en vez de detenerte, tu conducta es ignorarla y continuar la marcha. ¿Cuáles son las consecuencias? Si no hay nadie alrededor, podrías ahorrar un par de segundos y proseguir tu camino. Pero, ¿y si un policía, apostado al otro lado de la carretera, te ve, te detiene, te pone una multa y pierdes tu carné de conducir? ¿O si te ocurre algún grave accidente?

Los antecedentes preceden a las conductas, y las conductas preceden a las consecuencias. Cuando recuerdes tus mayores logros, como el ser aceptado en una universidad, o el haber conseguido el primer empleo, podrás descubrir que estos logros siguen el patrón de antecedente, conducta y consecuencia: el ABC.

Cuando las consecuencias de tu conducta son positivas, tu experiencia puede servir de antecedente para otras personas. Por ejemplo, se anuncia la fecha del examen final. Así que te organizas y comienzas a estudiar un mes antes. Estás bien preparado para hacer la prueba y, como consecuencia, apruebas con éxito. Para ti, es un pedazo de pastel. Tu compañero de cuarto se da cuenta de lo bien que has actuado. La próxima vez que tenga un examen imitará tu conducta y le irá bien. Entonces te hará un regalo como muestra de su gratitud.

De hecho, cada objetivo que te hayas planteado, que te plantees o que te vayas a plantear, se basa sobre alguna clase de antecedente. Reconocimiento de oportunidad y miedo al dolor son los dos antecedentes fundamentales para emprender conductas que llevan al logro de objetivos. Prosigues una conducta que tiene por meta el logro de un objetivo que se basa en una oportunidad que prevés o en un dolor que tratas de evitar. ¿Sencillo, verdad?

Este sencillo paradigma se complica por el hecho de que el concepto de oportunidad que tiene cada persona es multifacético. Además, los modos en que la gente trata de evitar el dolor son también diversos. Estos dos antecedentes fundamentales se entrelazan a veces de tal manera que ni te das cuenta. Por ejemplo, si tu meta es llegar a ser más organizado en el trabajo, esto puede deberse a cualquiera de las siguientes razones relacionadas con la oportunidad. Puedes desear:

- Dar muestra de competencia.
- Ser reconocido como experto.
- Mejorar tus posibilidades de promoción.
- Lograr un aumento salarial.
- Actuar como miembro de equipo.
- Usar menos espacio en tu escritorio, despacho u oficina.
- Dar un ejemplo en tu departamento.

Sin embargo, a la vez, «la evitación de dolor» puede ser un factor. Puedes tratar de:

- Evitar aparecer tan agobiado.
- Cumplir las órdenes de tu jefe y evitar reprimendas.
- No gastar tanto tiempo buscando cosas mal situadas.
- No aparecer desordenado ante visitantes.
- Evitar sentirte inadecuado.

Tal vez tu motivación se deba a tu percepción de que los demás esperan que mantengas en orden tu escritorio, despacho u oficina. Tal vez desees que las personas te vean como alguien que mantiene control. O bien deseas organizarte porque sabes que hay alguien que está convencido de que tú no puedes hacerlo.

Cuando comprendas mejor tu motivación para llegar a ser organizado (el antecedente), entonces podrás emprender la acción necesaria (conducta), que tendrá como resultado el logro que se desee (consecuencia): ¡ABC!

3 Capta tus mejores pensamientos

Considera lo difícil que es dar inicio a algún proyecto de organización. ¿Para qué correr el riesgo de que te interrumpa algo que no tenía por qué ocurrir? Independientemente de la cantidad de veces que te veas interrumpido en un día o una hora típica, reconoce que la interrupción en sí no es la culpable principal. Entonces, preguntarás, ¿qué es? La culpable principal es la pérdida de dirección, el que te entretengas y pierdas tiempo para volver adonde estabas y a lo que estabas haciendo. Así que, amigo, ante todo haz todo cuanto puedas paras evitar interrupciones.

Desconecta los teléfonos, cierra la puerta, cuelga un aviso y protege, en general, tu tiempo y esfuerzos cada vez que te enfrasques en organizar un lugar o espacio en tu trabajo o en tu vida personal. Lo terminarás mucho más pronto y te sentirás bien por haberlo logrado, o al menos te sentirás más neutral que si te tienes que detener a cada instante por pequeñas distracciones como el teléfono, el correo electrónico o bien investigar anuncios que salen en el Internet y sus promesas de fama y fortuna.

Para lograr el nivel de actividad de ondas cerebrales con el que puedas pensar de un modo profundo y meditar, da un paseo por el campo o emprende cualquier otra acción que te ayude a evitar ruido y distracciones. Algunas personas optan por irse de vacaciones, dar un paseo en coche o simplemente descansar en un porche o en un sofá. Muchos tienen grandes instantes de inspiración y resolución mientras escalan montañas (al menos así me lo han dicho). Otros son capaces de estar sentados simplemente en su sillón favorito y esperar a que les llegue la inspiración. Algunos son capaces de utilizar con gran eficacia el tiempo mientras viajan. Los pensamientos que se generan en tales momentos tienen un gran valor potencial, pero son inútiles si no se les controla.

Una vez que has encontrado un lugar tranquilo, en el sentido literal o figurado, determinar lo que deseas alcanzar es, en gran medida, una cuestión de valores. ¿Qué clase de proyecto deseas emprender? ¿Qué esferas merecen la dedicación de tu tiempo y energía?

En relación con la naturaleza de tu trabajo, tus pensamientos han de constituir las bases más válidas para determinar a qué debes prestar tu atención. Aunque muchas personas tienen pensamientos recurrentes durante todo el día, algunos, si no la mayoría de esos pensamientos, se olvidan luego. ¿Te toma tiempo organizar tus pensamientos? ¿Recuerdas tus ideas y cómo transmitirlas cuando son originales y creativas? Si no, sin darte cuenta, puedes gastar en vano tu tiempo y esfuerzos.

La organización de tus pensamientos puede tener una aplicación directa a los proyectos que se te asignan, y sólo puede ayudarte. Por ahora, algunos tal vez parezcan amorfos, pero más tarde su naturaleza se volverá más convincente. Con frecuencia, los tipos de pensamientos que se pierden, o sea, no se registran en la memoria, son los que se relacionan de modo directo con permanecer organizado.

Aunque no puedas aplicar de inmediato la mayoría de tus pensamientos innovadores, puedes organizarlos para una acción posterior. En una libreta de notas, un ordenador *palm top* o en tu disco duro, crea un archivo donde puedas apuntar pensamientos aparentemente casuales que se te ocurran durante el día. Algunas personas prefieren usar un organizador electrónico. Hay quien usa una hoja en blanco para hacer apuntes y luego los pasan al disco duro. Otros pueden servirse de una tradicional agenda-calendario donde asientan datos o ideas importantes. Emplea el reverso de un sobre o una servilleta si esto es todo cuanto tienes a mano en un momento dado. También hay quienes envían correos electrónicos recordatorios a un par de docenas de sus conocidos más cercanos, amigos o familiares. Escáneres, copiadoras, impresoras y otros equipos de oficina pueden utilizarse para registrar, juntar y revisar tareas. ¿No deberías aprovechar estos simples modos de organizar tu mente ocupada?

Desde que empecé a utilizar una grabadora para dictar recordatorios, me di cuenta de que el dictar mis pensamientos a una grabadora para que luego otra persona los transcribiera y después salvarlos en mi disco duro, representaba un mundo de diferencia (para más información sobre el dictado, ver los consejos del núm. 23 al núm. 48).

Supón que estás en una reunión y de repente te das cuenta de que la compra de un determinado tipo de libreta de notas o un nuevo modo de organizar tu escritorio podría producir una mejora espectacular, incluso drástica en el mejoramiento de tu eficiencia. Si no anotas este pensamiento, si lo dejas marinándose en tu mente ocupada, tiende a cocinarse en exceso hasta desaparecer. En última instancia, nunca harás nada sobre la base de este pensamiento y seguirás actuando del mismo modo ineficaz.

El difunto Earl Nightingale, conocido conferenciante y autor de textos sobre motivaciones, dijo una vez: «Las ideas son resbaladizas como peces. Si no las anotas, se te escapan». La triste realidad sobre las ideas novedosas es que la mayoría de las que se te escapen ya no volverán. ¡Qué desperdicio! Los momentos de inspiración no se repiten dos veces. Son lo que el profesor Stephen Hawking, renombrado astrofísico y autor de *Historia del tiempo*, denominaba singularidades, acontecimientos irrepetibles. Debes aprovechar la mayoría de ellos.

4 Determina «¿Quién ha creado esto?»

Robert Fritz, el autor del libro *The Path of Least Resistance*, aconseja que cuando estás afrontando una situación desafiante te hagas una pregunta crítica. Es ésta: ¿Quién ha creado esto?

Con una frecuencia mayor de la que tal vez desees admitir, la mayoría de las situaciones en que te veas en la vida, y todas aquellas que se relacionan con ser organizado, las has creado tú mismo. Toma por ejemplo tu casa. ¿Puedes mencionar una habitación, un espacio dentro de una habitación o siquiera un cajón de los que tú (o alguien que vive contigo) no seas responsable? ¿Es acaso el viento que sopla a través de tus ventanas el que hace que tus armarios se vuelvan desordenados? ¿Te visitan los gremlins todas las noches, mientras duermes, y lo revuelven todo? Creo que no.

Cuando afrontes este tema con franqueza, tendrás que admitir que tú mismo has creado la desorganización en tu trabajo y en tu hogar. No hay nadie más a quien culpar. Estoy seguro de que estás familiarizado con la situación que ha ocurrido cuando tus colaboradores han cambiado o desplazado cosas que antes estaban en orden. Por cierto, en tu casa, tu esposa u otra persona que convive contigo, tus hijos u otros familiares pueden causar en gran parte la desorganización que afrontas. En todas las eventualidades, tú, como persona influyente que eres, posees considerable control sobre el nivel de impacto que otros producen sobre tus esfuerzos de organización.

Si el cuarto de tu hijo es un área de desastre perenne, o sea, nunca deja de parecer que han pasado por él todos los huracanes, inundaciones y terremotos a la vez, esto no significa que todas las demás habitaciones deben ser una pocilga. Tampoco significa que cualquiera de tus lugares o espacios dentro de la casa deban ser desorganizados a causa de las actividades de tu hijo.

Si eres un maniático de pulcritud y estás casado con una persona desorganizada, tienes ante ti todo un reto. El síndrome de «Félix y Óscar» puede resultar muy bonito en la película y en el programa de televisión *The Odd Couple*, pero no sucede así en la vida real. Dos personas pulcras o dos desordenados pueden convivir con más facilidad que un pulcro y un desordenado. (Por cierto, no he creado la situación; me limito a transmitir noticias.)

Si trabajas o vives con personas «perpetuamente desorganizadas», empiezas a ver que tu atracción o tolerancia hacia la gente desordenada contribuye a la acumulación de tareas de organización.

Esta observación no trata de convencerte de que abandones a tu pareja o que busques un nuevo empleo, sino tan sólo enfatiza que tú eres la persona que posee el control sobre tu vida. Si el hogar, el trabajo o cualquier otro aspecto de tu vida no está organizado en un nivel que te resulte cómodo, recuerda quién ha creado esta situación y opta por tomar el control.

5 Opta por decisiones correctas

Estás atascado en el tráfico en la carretera. Es un día sofocante de agosto, y el aire acondicionado de tu coche ha dejado de funcionar. ¿Tienes razón para sentirte irritado? Podría ser, pero dispones de otras opciones más positivas.

Podrías tararear una canción favorita. Podrías optar por reconocer el encanto de la vida que llevas, o recordar que antes has estado atascado, y cuando reflexiones sobre lo que te sucedió la última vez, recordarás que la situación no resultó ser de grandes consecuencias. Podrías sentirte contento por vivir en este país, pensar con alegría en lo que estás planeando para la cena, o en que tus hijos te invitarán a algún lugar divertido en el día de tu cumpleaños. Como enseña el doctor Wayne Dyer, psicólogo y autor de *best sellers*, eres siempre tú mismo quien eliges cómo has de sentirte. La acción de elegir es una técnica sencilla pero poderosa que te ayudará a organizarte y a seguir siendo organizado.

Al optar por decisiones importantes, llegas a aceptar de modo automático el hecho de que no hay nada más que se pueda hacer. Todo se basa en tu elección. Si optas por seguir trabajando en alguna tarea, incluso en una que te ha sido asignada, esta decisión personal se toma en el momento actual y no se basa en una agenda anterior. El nuevo sentido de control sobre tu propia vida conduce a un tremendo sentimiento de armonía interna.

¿Cuáles son algunas de las poderosas técnicas de pensamiento que puedes tener en cuenta para incrementar tu capacidad de organizarte y seguir siendo organizado? Me alegro de que me lo hayas preguntado:

- Opto por organizarme con facilidad y seguir siendo organizado.
- Opto por tratar de organizarme como una actividad divertida y merecedora.
- Opto por controlar con facilidad mis espacios.
- Opto por mantener la claridad cuando me enfrento con retos de organización.

- Opto por reconocer constantemente las esferas de la vida donde soy un maestro de organización permanente.
- Opto por aprender con facilidad nuevos métodos de llegar a ser organizado.
- Opto por asociarme con personas que son muy organizadas y que me pueden servir de modelos, mentores y maestros.
- Opto por encarar situaciones de desorganización con calma y claridad.
- Opto por recompensarme por mis victorias organizativas.
- Opto por sentirme bien en relación con el esfuerzo que haga para volverme organizado.
- Opto por afrontar situaciones de reto metódica y eficazmente.
- Opto por ser un verdadero maestro en organización personal.

Para reforzar las decisiones que tomes, anótalas o imprímelas y envíatelas por correo, o grábalas en un casete y luego vuelve a escucharlas una y otra vez.

¿Cuántas decisiones puedes tomar de una sola vez? Pocas o muchas; el límite no existe. Opta por una decisión que sientas correcta para ti y sigue buscando opciones. Mientras estés esperando en la fila de un banco, analiza las decisiones que has tomado. Si te sientes inseguro, recuerda la nueva conducta o el nuevo sentimiento por el que has optado. Puedes optar por superar rituales que ya no te ayudan, o puedes tomar decisiones que te ayuden a moldearte como un experto organizador de tu vida.

6 Vive y, realmente, aprende

Una idea nueva es algo tan raro. Con frecuencia nos limitamos a imitar lo que oímos y leemos. De todos modos, puedes tomar decisiones que nada tienen que ver con tu historia. Por ejemplo, si bien nunca antes has sentido disposición para volverte organizado y seguir siéndolo, ¡puedes tomar la decisión de cambiar esto!

En un estudio que se publicó en *Annual Review of Psichology*, en 1996, investigadores de la Universidad de Tel Aviv y de la Universidad de Waterloo, en Ontario, descubrieron que:

> …la gente menos capaz de relacionar a la persona del pasado con la persona que es ahora puede correr un mayor riesgo psicológico, porque sólo está pensando en el presente y puede suceder que su visión del futuro no se desarrolle.

En otras palabras, si eres incapaz de reconocer cuánto has cambiado desde el pasado, es probable que permitas a tu pasado ejercer una influencia indebida en lo que vayas a hacer a continuación. Si andas diciendo: «Nunca he sido bueno en la organización» y no reconoces cuánto has cambiado a lo largo de los años, o si no recuerdas algunos de tus recientes triunfos organizativos, tú mismo te condenas al fracaso. ¡Deberías recompensarte debidamente por los retos organizativos que has afrontado y vencido!

El haber estado atascados en el pasado es un enorme problema tanto para naciones enteras como para individuos. «Muchos conflictos internacionales tienen sus raíces en interpretaciones divergentes del pasado», dicen los investigadores de la Universidad de Tel Aviv y de la Universidad de Waterloo, en Ontario. (¡Piensa cuánto tiempo se dedica todavía a discutir sobre la Guerra Civil americana, que terminó hace tantísimos años!) Así que tu problema puede surgir del hecho de que las personas reaccionan con frecuencia ante el presente como si todavía estuvieran viviendo en el pasado. Para muchos «el pasado representa el contexto en que las personas adquieren conocimientos sobre posibilidades futuras.» Hay demasiadas personas que formulan sus pronósticos para el futuro basándose en lo que recuerdan del pasado y en lo perciben en el presente. Por lo tanto, te corresponde a ti recurrir con exactitud a tu pasado y tomar nota de lo que hoy es diferente. Sólo entonces podrás tomar decisiones claras y confiadas respecto a lo que desees para el futuro.

¿Has comprendido todo esto? Así pues, ¿deseas ser más organizado? ¡Esto está en tus manos! En vez de vivir mirando siempre por el espejo retrovisor, ve hacia donde nunca antes has estado para establecer y alcanzar metas que tal vez antes te hubieran parecido más allá de tu capacidad. Quizás, el poder de alcanzarlas lo has tenido siempre.

7 Trabaja de verdad de una manera más inteligente

Es probable te hayan aconsejado antes que «trabajes con mayor inteligencia y no tan arduamente». Este sabio consejo se suele dar a las personas que necesitan organizarse y permanecer organizadas. Si dispones de información precisa, un grupo de buenos consejeros y abundantes recursos necesarios, supongo que tienes la oportunidad de trabajar «empleando mayor inteligencia y no tan arduamente». Pero ¿qué significa en el mundo real «trabajar con mayor inteligencia»?

¿Estaba Thomas Edison trabajando con mayor inteligencia cuando trataba y no lograba, por más de 8.000 veces, identificar un filamento conveniente para crear una bombilla de luz eléctrica viable desde el punto de vista comercial? Cuando al fin dio con el filamento correcto, ¿aumentó de repente su coeficiente de inteligencia? Trabajar más tiempo y estar abierto a nuevas ideas puede conducir a que tu trabajo sea más inteligente. Trabajando duro, puedes aprender más sobre aquello en que estás trabajando y desarrollar técnicas más eficaces.

Decir simplemente a alguien que trabaje con mayor inteligencia, no es suficiente. Creo que el verdadero mensaje tras el adagio de «trabaja con mayor inteligencia y no tan arduamente» es que te tomes un poco de tiempo para reflexionar sobre lo que deseas realizar. Tal vez puedas trabajar con mayor inteligencia si te empeñas en ser cada día más organizado. Entonces puedes encaminarte en la dirección correcta y reunir los recursos necesarios para terminar un proyecto. Incrementas las probabilidades de poder realizar el trabajo con mayor rapidez y facilidad.

Una manera profunda de «trabajar con mayor inteligencia» es seguir tu sabiduría interna. Tus instintos, tu intuición, tus sentimientos internos representan mucho más de lo que puedas creer. Los especialistas en neurocardiología han descubierto un «cerebro en el corazón». Compuesto de más de 40.000 neuronas de diversos tipos, además de una compleja red de neurotransmisores, proteínas y células auxiliares, actúa independientemente de la cabeza. «Este cerebro del corazón –dice Robert Cooper, doctor en filosofía– es tan grande como muchas áreas clave del cerebro pensante y lo suficientemente sofisticado como para clasificar un cerebro por derecho propio.»

Los latidos del corazón no son meras pulsaciones mecánicas de bombeo. Poseen un lenguaje inteligente que influye en nuestra manera de percibir el mundo y reaccionar ante él. Todos y cada uno de los latidos del corazón están vinculados al cerebro, que piensa y afecta ambas ramas del sistema nervioso autónomo, influyendo continuamente en nuestras percepciones y nuestra conciencia. Cooper dice: «El corazón no sólo está abierto a nuevas posibilidades; las examina activamente e incluso buscando una comprensión nueva, intuitiva.»

¡Ahora, prepárate! Investigaciones de fisiólogos y gastroenterólogos indican que existe otro «cerebro» dentro de los intestinos. Se le conoce como «sistema nervioso entérico», y, según Michael Gerson, doctor en medicina, presidente de Anatomy and Cell Biology de la Universidad de Columbia, es independiente del cerebro que está dentro del cráneo, aunque está interconectado con él.

Cooper observa que «los instintos de las entrañas son reales y son dignos de que se les preste atención». Ante la mayoría de los retos organizativos que vayas a enfrentar, es probable que tengas una idea segura de cuál es la mejor manera de proceder. Con frecuencia, no obedeces a tu propia sabiduría interna. Te dejas apresurar por fuentes externas que, en retrospectiva, ofrecen poca contribución.

La solución: habitúate a confiar más en tus instintos. En otras palabras: ¡utiliza todos tus cerebros! Las decisiones basadas en instintos e intuición abarcan de un modo rápido y automático todas las experiencias y conocimientos adquiridos a lo largo de tu vida. Si estás pensando en cómo organizar algo, con frecuencia es correcto simplemente comenzar y dejarse guiar por la intuición. Cada aspecto de tu ser contribuye a tomar una decisión basada en el instinto o la intuición. Tu decisión no es caprichosa, casual o alocada.

8 Presta atención a Pareto y su Principio

En 1897, Vilfredo Pareto, economista italiano, descubrió una relación entre el esfuerzo y el resultado, que hoy se conoce como el Principio Pareto o la Ley 80/20. Pareto descubrió que el 80 por 100 de lo que un individuo logra proviene del 20 por 100 del tiempo que invierte. Los resultados, rendimientos o recompensas suelen provenir de una pequeña proporción de esfuerzos dirigidos a alcanzarlos. De modo específico, el 20 por 100 de tus esfuerzos organizativos producirán el 80 por 100 del efecto que deseas. Imagínate: ¡un quinto de lo que haces produce cuatro quintos de lo que consigues!

Por desgracia, la mayoría de las personas dedican el 80 por 100 de sus esfuerzos para obtener sólo un 20 por 100 de lo que desean. Macroesfuerzo con microresultado, ¿conoces este sentimiento? La clave de la eficiencia consiste en identificar continuamente el 20 por 100 de tus actividades que son las más importantes, las que producen mayores resultados. Por ejemplo, enderezar las plumas sobre tu escritorio puede ser muy satisfactorio, pero difícilmente podría mejorar la calidad de tu trabajo. Por otra parte, agregar con cuidado nueva información al *software* de tu ordenador podría ser vital para tu negocio o carrera.

Cuando el Principio Pareto fue aplicado de manera específica a los negocios, se observaron cosas asombrosas. Por ejemplo, en una agencia de seguros se descubrió que el 20% de agentes realizaban aproximadamente un 80% de ventas. En una ferretería, el 20% del espacio daba cuenta del 80% de las ganancias. En una firma contable, el 20% de los clientes generaba un 80% de los ingresos. Esto hizo que tales firmas pensaran en buscar clientes más lucrativos, a largo plazo, concentraran su energía y atención en el porcentaje más provechoso y se esforzaran por librarse de la clientela más débil.

De una manera similar, tiene sentido que inviertas tu precioso tiempo de organización en las áreas donde esto más bien te produzca. Tus necesidades se diferenciarán de las de otros, incluso en tu propia compañía o familia. Un modo lógico de perfeccionar tus esfuerzos es concentrarlos en aquellas áreas donde los fracasos son más frecuentes. Esas áreas problemáticas son fáciles de detectar. Se distinguen por tiempo malgastado, oportunidades perdidas, accidentes y otros indicadores negativos.

En otras palabras, deja de pretender que el hacer las cosas *in minutia* pueda generar grandes recompensas.

9 Olvida lo del «estado de ánimo adecuado»

Cuando esperas estar «con un ánimo adecuado» para organizarte, corres el riesgo de que el estado de ánimo adecuado llegue en un momento inadecuado, ¡si es que llega! Considera el caso del escritor profesional que mantiene con constancia una norma diaria de un cierto número de palabras por día.

El escritor que se promete escribir 1.800 palabras todas las mañanas cumplirá la norma de 9.000 palabras en una semana de trabajo típica, y 36.000 palabras en cuatro semanas. Independientemente de si lo hace «a gusto» o no, la norma diaria de trabajo asegura el logro del resultado que el escritor desea.

Puedes argumentar que forzarte a contar cada palabra sirve de poco si lo que se escribe no es bueno. Sin embargo, los escritores que se establecen tales normas suelen auto-corregirse a medida que avanzan en el trabajo. Por lo tanto, las palabras escritas en cualquier día dado son, en rasgos generales, tan válidas, coherentes y merecedoras como las palabras escritas en cualquier otro día. En ocasiones, lo que se hace en un día está algo por debajo del nivel, pero esto se recompensa en otros días, cuando el nivel del trabajo excede las expectativas.

De una manera similar, puedes cumplir más cuando estás «en estado de ánimo adecuado» para organizar, pero es importante que te concentres en tus esfuerzos incluso cuando sientas poco entusiasmo.

Llegar a ser organizado requiere menos motivación que ser un escritor profesional. Puedes establecerte una norma diaria de tareas organizativas en un bajo nivel y obtener buenos resultados.

Al hacer algo –con independencia de tu estado de ánimo– avanzas más que si no haces nada. Puede que no cumplas la tarea al primer intento. No obstante, al menos intentar y empezar ya te es beneficioso.

Observada desde el pico de una montaña, la montaña vecina no parece estar tan lejos. Pero cuando estás abajo, en el valle, caminando y maldiciendo mientras te abres paso a través de una oscura maleza de rododendro con un machete embotado, el alcanzar el próximo pico te puede parecer extremadamente difícil incluso aunque estés ya a más de la mitad del camino.

Así que cuando te abres paso a través de un archivo atestado de expedientes, puede parecer que tu tarea es insuperable. Y sin embargo, con un poco de esfuerzo, puedes progresar mucho más que si no intentas hacer nada.

Deja de creer que tienes que sentirte «con ganas de volverte organizado» y, en vez de esto, procede basándote en tu deseo de obtener resultados, tales como por ejemplo tener ordenado el cajón superior de tu escritorio.

10 Recompénsate

Si mantener tus cosas organizadas no te resulta fácil, utiliza la psicología básica para incrementar la probabilidad de que vayas alcanzando un éxito tras otro: recompénsate.

Personas propensas a recompensar a otros de modo razonable por un trabajo bien hecho, con frecuencia son curiosamente deficientes cuando se trata de recompensarse a sí mismas. Si tienes hijos, puedes sentirte orgulloso de darles una buena recompensa cuando hacen gala de buena conducta. Empero, ¿con qué frecuencia te recompensas a ti mismo? ¡Usa este sistema y empieza a recompensarte por cada trabajo difícil que hagas!

La clave para hacer que tu sistema de auto-recompensas funcione es ésta:

1. Haz que tu recompensa sea acorde al esfuerzo (o sea, no te regales un Mazda por ordenar el baño).

2. Recompénsate enseguida después de realizar el trabajo. Si terminas de limpiar el patio, cualquier recompensa que te des tres semanas más tarde tendría poco efecto psicológico.
3. Forma un fuerte vínculo mental entre tu esfuerzo y la recompensa, y entonces utilízalo como motivación para comenzar a organizar cualquier cosa que lo necesite.

Algunas personas consideran útil establecer la recompensa de antemano. Si decides poner en orden ese archivo de carpetas que has estado ignorando durante tanto tiempo, y sabes que después de tu magnífico triunfo te vas a regalar un par de zapatos nuevos, mientras procedas, puedes formar una clara imagen de la recompensa. Esto ayuda, en especial si sientes que te falta energía o si empiezas a perder de vista tu objetivo.

Algunos, incluyéndome a mí, prefieren determinar la recompensa de modo espontáneo. Una vez que «triunfo» sobre alguna tarea de organización, me pongo a recorrer mi oficina o mi hogar con la mini-misión de tropezar con algo que me gustaría hacer. Podría tomar mi revista favorita o incluso echar una siesta.

Debo dedicar algunas palabras a quienes son propensos a la glotonería: trata de que la mayoría de tus recompensas no se relacionen con alimentos. Es muy fácil caer en la trampa de recompensarse de modo continuo con alguna dulce y sabrosísima merienda. Incluso si meriendas cosas saludables, como palillos de zanahoria, manzanas o pasteles de arroz, de todos modos corres riesgo de equiparar el logro con el consumo de alimentos. No digo que debas eliminar por completo los alimentos como uno de los tipos de tu recompensa.

Simplemente, haz que sea una de muchas recompensas potenciales.

Hazte una mini-recompensa: si tu proyecto de organización es considerable y de una naturaleza a largo plazo, divide tu tarea en partes, con mini-recompensas planeadas para dártelas a medida que avances en el trabajo.

Supón que estás ordenando tu garaje, tarea esta a la que tuviste terror desde que fue construido. Estimas, de un modo conservador, que este proyecto podría tomarte al menos tres horas. Nueve pequeñas recompensas, cada veinte minutos, te podrían ayudar a perseverar en lo que de otro modo podría parecer una tarea demasiado ardua.

A medida que avances en el trabajo, de vez en cuando déjate llevar por el ritmo o la corriente, y así no tendrás necesidad de detenerte cada 20 minutos. Esto está bien; simplemente haz una pausa cuando sientas que esto sea correcto y recompénsate de un modo adecuado. Tu capacidad de reforzar periódicamente tu conducta a medida que avances, es de importancia vital.

Es posible que pertenezcas al tipo de personas que gustan de hacer una pausa sólo después de trabajar durante una hora, o prefieras descansar una vez a mitad de la tarea. Sé que en el caso de algunas tareas no me sentiría satisfecho hasta acabar con todo maldito asunto, y que si me detengo voy a perder el impulso. En tales casos considero el cumplimiento de todo el proyecto en sí como una recompensa, y cuando ya está terminado, créeme, no tengo ningún problema para salir a correr, ver mi programa favorito, ir al cine o inventar algún otro tipo de recompensa.

Algunas veces, estás progresando mucho en un proyecto de grandes dimensiones, cuando a pesar de tus mejores esfuerzos empieza a faltarte energía. Puedes utilizar diversas recompensas auto-generadas para seguir avanzando y permitirte descansos periódicos y otras interrupciones en momentos críticos. Sin embargo, encontrarás algunas tareas en que no podrás continuar más ese día o al menos por ahora. En tales casos, es de importancia crucial saber cuándo parar.

Muchos libros te dirán cómo empezar y cómo mantenerte activo una vez que hayas empezado. Saber cuándo parar puede ser tan importante como cualquier otra cosa en tu camino hacia organizarte y permanecer organizado.

Si estás exhausto mental o físicamente y te obligas a proseguir más allá de un punto óptimo, de hecho puedes disminuir tu disposición y capacidad para recomenzar la tarea más tarde en ese mismo día, o al día siguiente, o en cualquier otro momento en que intentes reanudar el trabajo. Sobre todo para los grandes proyectos de organización, el saber parar puede ser uno de los componentes clave más sutiles para el logro de los resultados finales que desees.

¿Cuáles son algunos de los síntomas reveladores de que has llegado al límite y es preferible no proseguir por ahora? Aquí tienes unos cuantos:

- Después de varios pequeños descansos y recompensas apropiadas, simplemente sientes que te mueves sin hacer ningún progreso real.
- Comienzas a cometer crasos errores.
- Tu productividad disminuye.
- Has perdido por completo la dirección de tu misión.
- Permanecer en el proyecto durante más tiempo pondría en peligro tu capacidad de prestar atención a otras importantes tareas y responsabilidades.
- Estás falto de un recurso de crucial importancia y, aunque el esfuerzo de seguir trabajando es admirable, ya no esperas ningún progreso significativo.

- Te vuelves tan desagradable (en caso de trabajar con otros) que tiene sentido interrumpir hasta más tarde en el mismo día o al día siguiente, o en algún otro momento apropiado.

Por último, ¡si ya no recuerdas en qué estás trabajando, date un descanso!

2

INCLUYE PRÁCTICAS PROVOCATIVAS

11 Abandona las excusas para no ser organizado

Incluso si sabes que comenzar una tarea tiene sentido, demasiadas excusas te lo impiden. Éstas son algunas de las más frecuentes que no te dejan ensuciarte las manos:

1. «Tenía intenciones de hacerlo.» Si esto te suena familiar, entonces convierte el volverte organizado en un objetivo de primer orden en tu vida. Lee el consejo núm. 18.
2. «Nunca he sido bueno en la organización…» Esto es algo irrelevante. Todo se perdona. Quienes «nunca han sido buenos en la organización» creen que, de alguna manera, las cosas simplemente «se desorganizan» o «se pierden». La diferencia entre quienes son «buenos en la organización» y quienes «no son buenos» consiste en que las personas organizadas reconocen el esfuerzo que se requiere para mantener la organización.
3. «No sé cómo empezar.» Sigue leyendo.
4. «Tengo tantas otras cosas que hacer.» Claro que sí; tendrás por el resto de tu vida. Después de volverte organizado, sin embargo, las otras cosas que «tienes que hacer» apoyarán de modo más directo tus prioridades y objetivos, y tendrás una imagen más clara del vínculo entre tu trabajo y tus logros. Lee el consejo núm. 19.
5. «Organizar me tomará demasiado tiempo.» Para la mayoría de las personas, toma tres fines de semana y varias noches semanalmente. Está bien, tal vez necesites más que esto. Vuelve atrás, relee la introducción y reconsidera lo que te cuesta la desorganización.

6. «No le veo ningún valor a la organización.» Muchos aspectos de la vida humana ya están organizados, te des cuenta de ello o no. Ahora estás a punto de aumentar el control personal, que es de enorme valor, ampliando procedimientos que quizás ya estés utilizando.
7. «Esto me provoca ansiedad; no siento que logre tanto.» Si te limitas tan sólo a tirar carpetas y papeles para crear más espacio, estarás logrando algo importante.

Cuando seas capaz de desechar las excusas que te impiden volverte organizado, te abrirás pasos hacia algunos logros de gran valor. A consecuencia de esto, volverte organizado se convierte en un paso preliminar regular de vital importancia para las cosas que desees realizar.

12 Derrota el perfeccionismo

A veces, luchar por la perfección es apropiado: un médico que realiza una operación complicada, un piloto que aterriza un avión gigante, y un policía detective que investiga un asesinato tienen que luchar por llevar a cabo su trabajo de la mejor manera posible. Sin embargo, incluso para las personas de estas profesiones, hay situaciones en que el perfeccionismo resulta innecesario, injustificado y sólo consume tiempo excesivo.

Para el médico, la labor de vendaje posterior a la operación, por perfecto que sea, debe parar la hemorragia. Para el piloto, un aterrizaje en que una rueda toca tierra medio segundo después de la otra, no disminuye la calidad del vuelo. Para el detective de la policía, el no haber entrevistado al undécimo testigo después de haber entrevistado a diez cuyas declaraciones se corroboran unas a otras, con toda probabilidad no va a ser perjudicial.

Los estudios indican que el tiempo adicional que uno dedica a llevar el proyecto desde la marca de 95 por 100 a la de 100 por 100 en la mayoría de los casos, no vale la pena. Luchar por la perfección, es decir, tratar de asegurar que el 5 por 100 final se haga correctamente, muchas veces requiere tanto tiempo como el inicial 95 por 100 del tiempo invertido. ¡No es de asombrar que resulte tan difícil!

Cuando estés impartiendo instrucciones a tus subordinados, si les haces nueve o diez sugerencias de cómo realizar el trabajo con eficacia pero te olvidas hacer una o dos, de todos modos tendrán muchísimo trabajo que hacer. Por otra parte, si te empeñas en hacerles todas las sugerencias que les puedas ofrecer, el tiempo y el esfuerzo que inviertas en esto pueden resultar innecesarios, y el valor marginal de las sugerencias adicionales que hagas a tu personal tal vez no merezca en absoluto el esfuerzo que le dediques.

En tu propio trabajo, a lo largo del día, hay incontables casos en que no ser «perfecto» tiene, desde el punto de vista práctico, mucho más sentido que esforzarse por la perfección. Si estás haciendo un informe, y tu departamento está estructurado de tal manera que el equipo de producción realiza la edición de textos, no tiene sentido para ti dedicarte a elaborar un informe 100 por 100 correcto desde el punto gramatical y táctico. Cuando estás reuniendo datos para tomar una decisión, si esperas hasta obtener páginas y más páginas de información, tu momento oportuno puede pasar. Peor aun: ¡si reúnes demasiados datos puede que llegues a confundirte más que informarte! ¡Puedes incluso verte enterrado entre tantos papeles que te van a crear una nueva pesadilla organizativa!

Muchas decisiones apropiadas se pueden tomar basándose en el instinto y la intuición, y aun así saldrán bien. Esto es porque cuando estás tomando una decisión, aunque tú mismo no te des cuenta, estás en realidad haciendo uso de toda la información que has recibido en algún momento. Deja de aspirar a hacer una recopilación excesiva.

De ahora en adelante, reúne la cantidad de información necesaria para ayudarte a sentirte cómodo para tomar una decisión, pero no más. De la misma manera, a lo largo de tu día laboral, busca otras oportunidades en que del 90 por 100 al 95 por 100 de esfuerzo sea suficiente.

13 Comienza de un modo simple

¿Has caído alguna vez en esta trampa? Acumulas un montón de cosas que piden a gritos que se las organice, pero te resulta difícil abordar la tarea porque todo lo has complicado demasiado. Tal vez tengas una propensión al perfeccionismo que te hace creer que la tarea te va a tomar más tiempo del necesario para organizarte cómodamente. Quizás trates de disponer objetos de la manera más juiciosa posible.

Si cualquiera de estas clases de pensamientos afecta tu capacidad de ser organizado, destiérralos hacia los rincones más lejanos de tu mente y acepta este principio general:

A veces el mejor tipo de organización es el más simple.

Considera un ejemplo de la vida cotidiana. Tu escritorio es un desastre. Lo has mirado un día tras otro y te has sentido horrorizado ante la idea de tener que ponerlo todo en orden. Incluso tal vez has tenido una secreta esperanza de que un tornado venga de pronto y se lo lleve todo para así no tener que enfrentarte al caos. Y sin embargo, allá en lo profundo, sabes que dejar ordenado tu escritorio sería muy ventajoso para ti. ¿Por qué no comenzar de una manera muy simple, disminuyendo así la presión que sientes y aumentando la probabilidad de éxito?

Un primer paso rápido sería recoger todos los lápices y bolígrafos que están tirados por doquier en la superficie de tu escritorio. Ponlos en un recipiente especial, en una lata o un vaso.

A continuación, reúne todos los bloques de notas, memorandos y retazos de papel que puedan contener alguna información vital, sea una dirección, un número de teléfono o un sitio web. Después, de inmediato, decide hacer lo siguiente:

1. Introduce la información en tu disco duro en una carpeta especial destinada a guardar tales retazos de información, o bien,
2. pon todos esos fragmentos de información en la fotocopiadora para crear una o dos páginas colectivas y archívalas de un modo ordenado, o bien dóblalas y guárdalas en la bandeja de entrada de tu escritorio para una rápida referencia. (Clave: si tienes todos esos datos en un solo lugar, tendrás mayor oportunidad de encontrarlos y usarlos debidamente.) Para empezar, idealmente hablando, no dejes que se te acumulen tales fragmentos de información.

Ahora, reúne todas las carpetas sobre tu escritorio. Las carpetas representan tareas o proyectos que debes emprender. Asegúrate de que cada carpeta contenga los materiales apropiados y luego vuelve a guardarlos, con excepción de aquellos con que estás trabajando esta mañana o tarde.

A continuación, reúne cualesquiera libros, informes u otros documentos grandes y ubícalos en estantes apropiados. Si necesitas páginas específicas de tales documentos, cópialas y ponlas en la carpeta correspondiente; en cuanto a los libros, documentos e informes originales, déjalos apartados.

Ahora es probable que ya estés en tu camino para llegar a ser más organizado. Ordenar tu escritorio no cuesta mucho trabajo. Hazlo simple. Reúne los objetos similares, como lápices y bolígrafos, y luego dedícate al otro conjunto de objetos, después al siguiente, hasta que el escritorio quede todo bajo tu control. Puedes hacerlo. Puedes incluso sobrevivir para contarlo.

14 ↗ Organiza según tus propios hitos

Atención a los recién graduados en enseñanza secundaria y nivel superior: una vez que termines la escuela, se comprende que entre tus metas empezarán a predominar las que se relacionan con la carrera. ¿Encontrarás empleo? ¿Será un buen empleo? ¿Tendrás un salario decente? ¿Tendrás que trasladarte a otro lugar? Es probable que hayas pasado un curso especial de estudios que te hayan preparado para una línea específica de trabajo.

El tiempo más adecuado para organizarte en cuanto a tus ambiciones de carrera es antes de que te gradúes de la escuela. Es un hito significativo. Mientras más tiempo dediques a planear carreras o metas durante la vida, tanto mayores serán tus probabilidades de éxito.

Si has comenzado a organizarte en relación con dónde deseas trabajar y qué es lo que deseas hacer al día siguiente de haberte graduado, puedes encontrarte subempleado, subremunerado y subvalorado. Puedes incluso verte sin ningún empleo. El hito de la graduación es, para la mayoría de las personas, un hito lo bastante importante como para prepararse para lo que deseen hacer después. Puedes aprovechar este mismo sentimiento de claridad y unidad cuando surjan otros hitos en tu camino. Todo el mundo tiene hitos en su vida. ¿Te dice algo alguno de estos?

- Tu nuevo empleo
- Matrimonio
- Compra de una casa y reubicación
- Nacimiento de hijos
- Selección de una guardería infantil
- Reinicio de estudios
- Ahorro para la educación de tus hijos
- Cuidado de tus padres
- Jubilación
- Viajes
- Atención a problemas de salud

Puedes utilizar estos hitos como ayuda en tu afán de volverte organizado. Imagínate que te estás aproximando a tu cuadragésimo cumpleaños. ¿En qué forma física te gustaría estar? En tu oficina, ¿cuáles son las carpetas que no vale la pena conservar? ¿Qué nuevas carpetas es necesario crear?

Cumples cuarenta años una sola vez en la vida. No todos los hitos y acontecimientos son, por necesidad, de carácter irrepetible. Hay acontecimientos que se repiten a lo largo del año, en determinadas temporadas, y a lo largo de un mes, y que te pueden servir de marcadores útiles. En tu deseo de volverte más organizado, te corresponde reconocer el valor y la utilidad práctica de saber aceptar una amplia gama de hitos y acontecimientos a medida que se aproximen, para utilizarlos como puntos de concentración para estimular tus esfuerzos.

Mudanza

Con todos los progresos científicos, médicos y tecnológicos de la humanidad, ¡era de esperar que ya alguien hubiera hecho algo para aliviar la onerosa tarea de mudarse! La mayoría de las personas cambian de residencia después de graduarse de la universidad, contraer matrimonio, obtener un aumento de ingresos, etcétera. Sin embargo, al parecer, no existe en modo alguno otro remedio que cargar tú mismo, uno tras otro, con cada objeto, cada cajón, cada bulto, uno tras otro para ubicarlos en un coche o en un camión. Puedes contratar operarios, pero esto no hace que el proceso de la mudanza sea menos engorroso. Hay que llenar tarjetas de direcciones, cambiar números de teléfono, conciliar cuentas, llamar a compañías de servicios públicos y llevar a cabo un montón de otras actividades.

Mudarse sí exige un elevado nivel de organización, al menos al comienzo e inmediatamente después del traslado. Tienes que decidir si determinados objetos han de ser trasladados, vendidos o regalados. Esto te obliga a tomar decisiones que, de otro modo, no te hubieras visto obligado a tomar, sobe todo si disponías de un alquiler a largo plazo y no habías previsto la mudanza.

Además del esfuerzo físico en sí, el proceso de mudanza propicia orden. Si eres casado o convives con alguien, una mudanza puede ser un magnífico momento para reorganizar mutuamente vuestras posesiones y espacio vital. «¡No vamos a conservar ese viejo destartalado!» Quizás estés de acuerdo con conceder a tu pareja más espacio en el nuevo lugar, o ambos decidáis crear un gimnasio casero. Ésta es la oportunidad de decidir cómo exactamente deseáis ordenar vuestro nuevo hogar.

Tuve en la universidad un amigo que solía trabajar en Washington D.C. para Amtrak. Me dijo que cuando era joven, su padre trabajaba para un fabricante que aparecía en la lista de *Fortune 500* y, con frecuencia, tenía que mudarse para asumir nuevos cargos. Debido a que la familia se mudaba cada par de años, tomaban decisiones sobre qué conservar y qué desechar. En el nuevo lugar, solían vivir en un hogar libre de abarrotamiento de cosas y con espacios bien definidos. Cuando su familia se estableció en un suburbio del sur de Connecticut, incluso muchos años más tarde, su hogar era un lugar bien organizado y libre de abarrotamiento.

Esta idea me atrajo mucho antes de convertirme en conferenciante sobre el tema de cómo disponer de más espacio para respirar y menos amontonamiento de cosas. Visitar esa casa, era un placer, a diferencia de las de otros amigos, donde cada habitación estaba abarrotada de cosas. No estoy diciendo que debas mudarte con frecuencia para mantener tu hogar libre de abarrotamiento. Sin embargo, es cierto que esto ayuda. La próxima vez que te mudes, reconoce que, con la mudanza, obtienes una oportunidad totalmente nueva para organizar tu espacio.

Organizar antes y después de un cambio de empleo

La reubicación puede ocurrir en tu vida sin necesidad de trasladarte de un lugar a otro. La búsqueda de un nuevo empleo puede ser el comienzo de una reubicación ocupacional. El comenzar a trabajar en un lugar, con independencia de si actualmente estás empleado, representa una diversidad de retos. Como la búsqueda de un empleo puede ser agotadora tanto desde el punto de vista nervioso, mental como emocional, es una de las oportunidades fundamentales que tienes en la vida para volverte organizado. ¿Cuándo más has podido dedicar largos e ininterrumpidos períodos de tiempo para determinar con claridad qué es importante en tu vida y carrera?

Quizás te hayan despedido, o has dejado tu empleo anterior en circunstancias desagradables. Tal vez seas nuevo en tu lugar de trabajo y nunca antes tuviste una posición como profesional. Es posible que estés entrando de nuevo en el mundo profesional después de haber transcurrido muchos años. En cualquier caso, estás donde estás por alguna razón y tienes una maravillosa oportunidad de poner tus miras sobre lo que es lo más apropiado, retador y agradable para ti. La claridad puede ayudarte a encontrar un empleo que es más adecuado y más consecuente con lo que desees hacer en la vida y con dónde desees estar a tu edad.

Puedes encontrar otros hitos relacionados con la carrera que de un modo natural y espontáneo te inciten a reorganizarte. Esto incluye un significativo incremento salarial, una designación a un departamento especial o de importancia más elevada, o una elección como funcionario en tu propio grupo o asociación profesional. Un hito no profesional podría ser el que se te pida formar parte de una comisión especial en apoyo a tu consejo municipal.

Cuando ocurre cualquiera de este tipo de acontecimientos, teniendo en cuenta la nueva situación, puedes hallar útil y apropiado reexaminar tu oficina, tus archivos o tu vida. A partir de ahora, cuando te traslades a una nueva ubicación, a un nuevo lugar de empleo o inicies una nueva etapa en tu vida, aprovecha estas oportunidades y reorganízate.

15 Ocúpate primero de las cosas difíciles

Si no pagas a tiempo los impuestos, envías demasiado tarde las tarjetas de felicitación, compras regalos a última hora o luchas con los cajones del escritorio rebosantes de basura, entonces eres el primer interesado en cambiar tu modo de ocuparte de tales tareas. Cada vez que tengas en tus manos el control sobre la secuencia en que abordas responsabilidades, ocúpate primero de los elementos que te parecen desagradables. Si reservas para el final lo que te gusta hacer y te ocupas primero de las cosas desagradables, tales como las tareas del hogar, mantendrás el orden durante mucho más tiempo.

Esto suena tan fácil, pero ¿por qué las personas recurren a modos antiguos e improductivos de enfocar su día? Malos hábitos o conductas rutinarias inciden en las actividades diarias mucho más de lo que nos damos cuenta. Las investigaciones demuestran que mientras más se apega el individuo a una determinada conducta, tanto más fuerte es la corriente de neuronas en su cerebro que lo induce a continuar con esa conducta. Si permites que montones de cosas crezcan cada vez más en tu área de trabajo, a medida que pase el tiempo, seguirás creando amontonamiento.

Si te acostumbras a un determinado régimen de ejercicios o a su carencia, existen probabilidades de que sigas por el mismo camino. De una manera alarmante (al menos para mí), las investigaciones muestran que si sigues viviendo con esos hábitos durante bastante tiempo, tu capacidad para cambiar disminuirá literalmente.

A medida que envejeces, décadas de conducta habitual, patrones de pensamiento habitual y una vida habitual harán, con toda seguridad, que tu capacidad para cambiar en los años venideros sea una fracción de lo que hubiera podido ser hace diez, veinte o treinta años. Esto no significa que no puedas cambiar. Sin embargo, hay grandes probabilidades de que necesites de una motivación extraordinaria, ¡tal como cuando tu jefe te dice que ordenes tu escritorio, o algo por el estilo!

Es un axioma de la vida que si deseas desarrollar un hábito nuevo, el mejor momento para empezar es ahora. La falsa promesa de empezar algo en la semana siguiente o el mes siguiente es una forma disfrazada de aplazar las cosas para más tarde. La energía y ansiedad que inviertes en aplazar una actividad puede consumir más energía que la que se necesita para llevarla a cabo. Tener intenciones de cambiar sí tiene valor, pero iniciar un cambio posee más valor. Así que es muy frecuente que los cambios a los que te estás resistiendo requieran menos esfuerzos, energía y tiempo de lo que puedas pensar.

Cuanto más tiempo haya transcurrido desde que has iniciado el intento de ser organizado, tanto más probable es que te enfrentes a retos mayores. Si tu enemigo es el ser proclive a aplazar cosas, entonces tu amiga es la acción. Recuerda el descubrimiento de Newton: un cuerpo en movimiento tiende a permanecer en movimiento. Como tal, la acción más pequeña a favor de volverte organizado puede convertirse para ti en el primer paso en tu camino hacia la victoria. Es, desde luego, preferible a no emprender ninguna acción. Una acción pequeña puede consistir en limpiar tu escritorio, hacer una compra, encontrar un ayudante, visitar un sitio web clave o priorizar tareas.

16 Sumérgete en ti mismo por 60 segundos

Una de las técnicas más eficaces que puedes usar, fiel al título de este libro, es empezar a organizar actividades por un minuto cada vez.

Supón que tu oficina en el trabajo es un desastre. No tienes deseos de revolver cosas. En realidad, la tarea te horroriza. Prométete a ti mismo que te vas a dedicar a la actividad de organización sólo por un minuto. Puedes utilizar un temporizador o guiarte por el reloj de la pared, como más te guste.

Durante 60 segundos, dedícate a ordenar todo lo que puedas. En el transcurso de un minuto es probable que sólo puedas abordar una parte. Es posible que logres ordenar dos o tres objetos. Aparta o desecha objetos ajenos y ordena cualquier parte de tu escritorio que vaya a contribuir a tu tarea general.

Rinn... Pasados los 60 segundos, cumple tu promesa, detente y prosigue con lo que estabas haciendo antes.

En dependencia del momento del día, cuando tu estado anímico te mueva a hacerlo, más tarde aquella misma mañana o por la tarde, vuelve a tu rutina de un minuto. En 60 segundos, organiza alguna parte de tu oficina. Por insípida que pueda ser la tarea, al dedicarte a ella sólo por 60 segundos harás algún progreso y te sentirás mejor contigo mismo.

Al igual que con otras técnicas que se te ofrecen en este libro, verás con frecuencia que a los 60 segundos no vas a tener deseos de parar. El propio impulso de tu esfuerzo te lleva hacia el próximo minuto, y luego a otro. Si esto ocurre, sé comprensivo contigo mismo. Déjate «llevar por la corriente». Créeme, te detendrás cuando así lo desees, tengas que hacerlo o cuando estés muy cansado para continuar. Así y todo, es asombroso hasta qué punto un solo minuto puede valer para ordenar la mayoría de los lugares y espacios de tu vida.

He visto a personas limpiar o reorganizar un cajón de escritorio aproximadamente en un minuto. He visto a otros que en 60 segundos más o menos han despejado su mesa de trabajo de todo lo superfluo. He presenciado cómo algunos reorganizan el espacio en su armario o simplemente se abren paso en medio de su oficina durante esas campañas de 60 segundos. No sabrás nunca cuánto puedes realizar durante este tiempo hasta que trates de hacerlo. Así que inténtalo. ¡Es posible que te guste!

17 Pregúntate: «¿Será esto más fácil en el futuro?»

Cuando te enfrentes a un montón de cosas que hay que organizar, pregúntate: «¿Será esto más fácil de hacer en el futuro?». ¿Se convertirá la organización de un montón de cosas en un futuro, de alguna manera milagrosa, en una tarea más fácil de lo que es ahora? Si el trabajo va a resultar significativamente más fácil en algún momento futuro previsible, entonces puedes permanecer en un estado de relativa desorganización, seguro de que más tarde vas a ordenar las cosas.

Sin embargo, en noventa y nueve casos de cien, el mejor momento de abordar una tarea de organización es éste de ahora. Más tarde, el desorden que tienes ante ti es probable que sea peor. Los montones crecen. Las carpetas se vuelven más gruesas. ¡Las cosas se acumulan! ¿Lo has notado?

Al preguntarte si más tarde va a ser más fácil manejar las cosas, creas de modo automático un incentivo personal para hacerlo ahora, sea cual sea tu estado de ánimo. Ya se trate de eliminar un amontonamiento de cosas, reducir el tamaño de una carpeta, organizar la mesa del comedor, ordenar la guantera del coche o dedicarse a otros espacios o lugares, mientras más pronto empieces a organizarte, tanto más fácil te resultará.

¿Y si preguntarte «¿será esto más fácil en el futuro?» no sirve de gran impulso para iniciar tu tarea de organización? Es posible que tengas un problema consistente en dejar las cosas para más tarde, y no un problema organizativo. Si es así te será de mucha utilidad mi libro *The 60 Second Procrastinator* (Adams Media, 2003), que ofrece 60 consejos para vencer la propensión a aplazar las cosas. Muchos de ellos te darán ese buen empujón que necesitas y, tal vez, desees.

Identifica qué es lo que te frustra

Si te encuentras del todo incapaz de iniciar la tarea, es posible que un obstáculo verdadero o una barrera temporal te lo impidan. Tu excusa puede ser en realidad, redoble de tambores… válida. ¡Bien puede resultar que la tarea sea más fácil después! Esto sucede. Quizás la tarea de organización sea demasiado grande para que te enfrentes tú solo y necesitas ayuda. Tal vez no dispongas de herramientas o equipo apropiado. Tal vez carezcas del presupuesto o de recursos monetarios que se necesitan en realidad para hacer la tarea de un modo apropiado. Es posible que éste no sea un buen momento para comenzar debido a las condiciones climáticas o factores ambientales.

¿Y si un acontecimiento futuro hace que tus esfuerzos se vuelvan inútiles por un tiempo? Supón que deseas desesperadamente limpiar y reorganizar tu coche. Está tan desordenado que de noche te dan deseos de aullar. Sin embargo, al día siguiente, vas a llevar a tu hija y a dos de sus amiguitos a la feria. Te van a llenar el coche por dentro y por fuera de suciedad y restos de comida. Lo van a llenar de banderitas, carteles, pegatinas y juguetes de peluche. Alguien, sin falta, va a derramar una bebida o aplastar una grasienta patata frita hasta incrustarla en tu alfombra. Es probable que encuentres palomitas de maíz y trocitos de algodón de azúcar entre los asientos. ¿Te puedes imaginar bien todo este cuadro?

¿Tendría más sentido limpiar y organizar tu coche ahora o después de llevar a un grupo de niños a la feria del Estado? Lo adivinaste: posponer tus esfuerzos organizativos por un día o dos significa un uso mejor de tu tiempo y tiende a producirte una mayor paz mental. ¿Quién desea limpiar el interior del coche sólo para que se vuelva a ensuciar al día siguiente y para tener que repetir los esfuerzos?

¿Importa de veras a los niños si viajan en un coche limpio o no? ¿Lo advierten tan siquiera? En esta situación, y en otras similares, es preferible que esperes hasta después del acontecimiento y luego prosigas con tu plan organizativo. Identifica qué es lo que te frustra los esfuerzos para volverte organizado. Si surge un momento más apropiado para comenzar, aprovéchalo.

18 Organiza a partir de tus prioridades

Llevar una vida desorganizada, de abarrotamiento, no requiere de ninguna habilidad especial: cualquiera puede hacerlo. ¿Quiénes son los más propensos a ser desorganizados? Los que no han identificado sus prioridades ni han establecido metas de apoyo.

Si identificas tus prioridades, esto te ayudará a organizarte de veras. De otro modo, te estás organizando sin un objetivo. Las prioridades son elementos amplios de la vida. Son tan fundamentales que con frecuencia puedes situarlas erróneamente en algún lugar de tu agenda. Comienza a identificar tus prioridades y te darás cuenta de que muchas cosas que has acumulado hasta formar un montón no te sirven o no apoyan tus prioridades. ¡Mucho de lo que has juntado en los lugares y espacios de tu vida es inútil!

El procedimiento siguiente es simple y directo y te ayudará a establecer prioridades.

1. Anota todo lo que es importante para ti, lo que te ha sido encomendado o lo que tratas de alcanzar. Siéntete libre de hacer esta lista todo lo larga que desees.
2. Varias horas más tarde o incluso al día siguiente relee tu lista. Tacha las cosas que, en esta segunda lectura, no encuentres tan cruciales. Combina los ítems que parezcan similares. El objetivo de esta segunda lectura es reducir de modo radical tu listado. Si tienes demasiadas prioridades es probable que te sientas ansioso y frustrado.
3. Ahora, si es necesario, reestructura, redefine y reescribe tu lista. Sigue tratando de perfeccionarla. Si dudas de algo, elimínalo.

Si no estás seguro de que un ítem pertenezca a la lista, las probabilidades son que no lo sean.

4. Aparta tu lista y vuelve a tomarla al día siguiente o a los dos días. Ahora revísala como si la estuvieras viendo por primera vez. ¿Se pueden combinar algunos ítems? ¿Se pueden omitir algunos? ¿Es preciso reformular algo? Como siempre, si te parece que algo no es tan importante, es probable que no lo sea, así que ¡eres libre de eliminarlo!

5. Prosigue y haz un listado de trabajo de lo que son tus prioridades en este momento. Sí, las cosas varían y cambian a medida que el tiempo pasa, pero ésta es tu lista por ahora.

Si te resulta de ayuda, al formular tus opciones, utiliza variaciones de las frases que pongo de ejemplo:

«Alcanzar independencia financiera»

«Fortalecer mis relaciones con mi cónyuge»

«Tomar disposiciones para la educación de mis hijos»

Al expresar así, con frases verbales, tus prioridades, te verás más proclive a actuar que si te limitas a anotar «feliz matrimonio» o «educación de los niños».

A medida que pasen meses y años, las prioridades pueden variar. Ya que éstas se basan en lo que identificas como importante en tu vida, como ésta cambia sin cesar, es razonable que tus prioridades cambien también. Por ahora, concéntrate en unas pocas esferas importantes de tu vida tal y como las has identificado recientemente.

Asegúrate de imprimir tus prioridades en una pequeña tarjeta que puedas guardar en tu agenda, bolso, libreta de notas o billetera. Esto te proporciona la oportunidad de revisar de manera periódica tus prioridades a lo largo del día, sobre todo cuando estás atascado en algún lugar en una fila. En este mundo tan apresurado donde vivimos, es muy fácil perder de vista las cosas que hemos calificado como importantes. Releer simplemente tu lista de prioridades de una manera regular es una técnica poderosa de reforzamiento que te ayudará a «reorganizarte».

¿Quién dice que no puedes situar el «llegar a ser organizado» en el lugar superior de tu lista de prioridades? Es posible que por el momento una demanda como ésta ni siquiera esté en ella. Sin embargo, dentro de poco tiempo, puede que tenga muchísimo sentido asignar una alta prioridad a la necesidad de volverte organizado.

Es posible que te asombres de cuánto has realizado en un período de tiempo relativamente breve. ¿Y qué si estás dispuesto a dedicar un día, una mañana o tan sólo la próxima hora (entera) a ordenar cosas? ¿Y qué si has contemplado esta actividad como si tuviera la mayor importancia en tu vida profesional o personal? Si has considerado que el volverte organizado es muy importante, entonces esto te atraerá, al igual que otras cosas importantes en tu vida.

La estructura de la sociedad moderna dicta, de hecho, que el ser organizado sea una de las principales prioridades de tu vida, incluso si hasta ahora aún no lo has reconocido. Para empezar, necesitas organizarte por razones de seguridad. En casi cualquier medio ambiental, si hay cosas en el suelo u objetos fuera de lugar, puedes tropezar con ellos, caer en medio de ellos y verte en una situación de riesgo.

Sobre todo en el lugar de trabajo, el ser organizado significa encontrar objetos con mayor rapidez y facilidad, responder mejor a otros y ser mejor profesional. Tales características contribuyen a que progreses en tu carrera y que tengas mayores probabilidades de recibir ascensos y promociones. Si lo pones en duda, acuérdate de la persona más desordenada en tu lugar de trabajo…

Alguien que suele perder cosas…
Alguien cuya oficina no es agradable de visitar…
Alguien que no es de confiar que devuelva objetos prestados…
¿Ya tienes en mente a esa persona?

P: ¿Cuán probable es que a esa persona desorganizada se la escoja para un equipo cuando sus miembros tienen la posibilidad de elegir?
P: ¿Cuán probable es que esa persona reciba un ascenso o una promoción cuando hay otros que trabajan igualmente bien y se mantienen organizados mientras realizan su trabajo?

¡Puedes ver adónde conduce esto! Cuando todos los demás aspectos son iguales, usar y poner de manifiesto habilidades organizativas es uno de los métodos siempre presentes, aunque no expresados, que puedes aprovechar para mejorar tus perspectivas profesionales. Desde este punto de vista, es relativamente fácil otorgar la más alta prioridad a volverse organizado y seguir siéndolo.

Crea metas de apoyo

Ahora llega la parte donde has de actuar en apoyo de los elementos de tu vida que consideras importantes. Crea una variedad de declaraciones de metas que estén en correspondencia con cada una de las áreas de prioridad que has elegido. Trata de formular estas declaraciones de modo positivo, utilizando terminología positiva. Si una de tus áreas de prioridad es el éxito profesional, y has pasado diez años abarrotando tu oficina con cosas, no te ayudará trazar una meta como «No voy a abarrotar mi escritorio durante una semana».

¿Qué sucederá durante esa semana? Día tras día, hora tras hora intentarás evitar el abarrotamiento, hasta volverte ineficaz en el desempeño de tu trabajo. Un modo más eficaz de formular la meta sería: «Durante esta semana voy a mantener mi escritorio ordenado y limpio».

Toda meta que valga la pena plantear debes ponerla por escrito, cuantificarla y asignarle un tiempo límite.

Poner tus metas por escrito te ayudará mucho a aumentar tus esfuerzos. El situar tus metas en un lugar donde puedas releerlas, posee algo que las hace más reales. En última instancia, un recordatorio visual es una confirmación de su importancia. En todo caso, representa una fórmula que te guía hacia la obtención de resultados finales muy deseables.

«Cuantificar» significa que le asignas un número. Di que deseas recibir un aumento salarial. Tu meta es esa cifra, no menos. Si ocurre que rebasas tu meta, ¡dichoso eres!

«Tiempo límite» significa que eliges una fecha tope específica (y tiempo para las metas de breve duración) para realizar lo que te propones. «A mediados de la semana» es algo muy vago. «Miércoles a las 16.00 horas» es algo específico. Si deseas cumplir con tus límites de tiempo, ¡sé específico!

Identificar prioridades y crear metas de apoyo de estas prioridades es relativamente sencillo en comparación con lo que viene a continuación. Cualquiera puede crear metas. Por desgracia, la mayoría de las personas olvidan sus metas unos días o semanas después de crearlas. Reforzar las metas que te plantees para alcanzarlas de veras requiere algo más que meros planes o palabras. Digámoslo con claridad: ¡requiere acción!

Por suerte, hay muchas técnicas que puedes emplear para estar atento a lograr las metas que te plantees.

1. Unirte con otros, en particular con aquellos cuyas metas sean comunes contigo; es una tradición consagrada por el tiempo. Por ejemplo, alguien que desee tener más paz mental puede integrarse a un grupo de meditación. Alguien que desee estar en buena forma podría buscar a un compañero para correr juntos. Quienes deseen leer excelentes libros podrían unirse a un club bibliófilo o fundar uno. Unirte a otros podría significar simplemente encontrar un amigo que desee alcanzar lo mismo que tú al mismo tiempo que tú.

   Hay algo en dedicarse a una actividad común con otros que ayuda a asegurar que el progreso continúe. Cuando no tienes a nadie con quien compartir la actividad, es fácil que te veas propenso a abandonarla. Cuando alguien está tratando de alcanzar el mismo resultado que tú, es más fácil tener el apoyo y aliento del amigo, el cónyuge, el vecino, un familiar, o cualquier otro, que no tener a nadie que te mantenga motivado.

   Supón que me estás diciendo que vas a realizar X en la próxima semana. Después, cuando nos encontramos en la próxima semana y te pregunto sobre tu meta, me respondes que la has alcanzado, o que ya estás a punto de alcanzarla, trabajando en función de ella, o bien que no has hecho nada en absoluto para alcanzar tu meta. El saber simplemente que nos vamos a encontrar y conversar sobre tu progreso puede ser la fuerza motriz que necesites para obtener éxito.

2. Visualiza la realización de tus metas. Es otra técnica poderosa para incrementar tu probabilidad de éxito. Muchos famosos atletas visualizan cómo logran con éxito un lanzamiento libre, atrapan el pase de rebote, conectan un jonron, realizan un triple salto o superan el obstáculo, antes de hacerlo en realidad. Al visualizar su acción, incrementan las probabilidades de llevar a cabo una acción exitosa. De la misma manera, los pianistas virtuosos, bailarines del ballet y oradores profesionales visualizan la realización exitosa de su tarea antes de emprenderla en la práctica.

   Puedes visualizar cómo organizas con éxito tu hogar, oficina, escritorio, ordenador o cualquier otro aspecto de tu trabajo o vida, y de esta manera incrementar las probabilidades de alcanzar éxito. Es probable que estés visualizando todo el tiempo mientras piensas en estar con alguien a quien amas, asistir a una cena esta noche o pasar las vacaciones en la próxima primavera. Puedes utilizar el mismo proceso para verte volviéndote más organizado.

   Cualquier meta, grande o pequeña, se presta para un proceso de visualización. Simplemente, encuentra un lugar tranquilo donde nadie te moleste, cierra los ojos y déjate llevar por la imaginación. Visualízate realizando exactamente lo que desees realizar, del modo que desees hacerlo. Visualízate como alguien organizado, con control de sí mismo, relajado y dispuesto, tal y como sabes que puedes ser.

3. Rodéate de recordatorios que estén siempre al alcance de tu vista. En papelillos adhesivos o pequeñas notas, escribe cuáles son tus metas de apoyo y colócalos en tu espejo, en tu libreta de apuntes, en el tablero de tu coche, encima o cerca de tu mesilla de noche, sobre la puerta del refrigerador, junto a tu puerta de entrada, y en cualquier otro lugar por donde vayas a pasar durante el día. ¡Date sorpresas agradables!

Escribe algo que te dé ánimo y te apoye en tus esfuerzos, como «Hoy va a ser un día magnífico para organizar mi archivador». Varía los planteamientos para que no comiences a pasarlos por alto. Sé creativo al colocarlos en lugares donde sepas que vas a encontrarlos y donde te produzcan el mayor impacto.

Me gusta dejarme una nota en mi libreta de apuntes al término de cada día. Así, cuando al día siguiente abro la libreta, veo la nota que me anima y, por lo general, sonrío ampliamente y comienzo a trabajar.

20 Atente a lo que has dicho

Para reordenar sus vidas en gran escala, algunas personas crean un elaborado sistema de metas. Sin embargo, es la naturaleza de un plan y no su complejidad lo que más tiene que ver con su éxito. Estás de veras en vías de volverte organizado si tu meta es una elección autoiniciada, consciente y saludable; y es que cualquiera que pueda ser un cambio externo, un cambio más fundamental se produce internamente.

Cuando te plantees una meta, haz que esta meta sea tuya: no necesitas estimuladores externos. Cuando estás deseando responsabilizarte de tus ingresos, desde luego, la meta es tuya. Una magnífica manera de determinar si te comprometes de veras o no con tu meta, es pensar en cómo te sentirías si te despojaran de ella.

Supón que ya no puedas proseguir tu camino elegido y que toda la actividad a fin de lograr tu objetivo tenga que cesar.

- ¿Te sentirías ultrajado?
- ¿Te opondrías?
- ¿Lucharías por tu derecho de continuar?

Si no has alcanzado la meta y nunca la has planteado, puedes, muy fácilmente, alejarte de la tarea sin ningún arrepentimiento. Si te has planteado una meta y no la has alcanzado, tendrás sentimientos persistentes de haberte fallado a ti mismo.

Si una meta no es originalmente de tu creación, tal vez tengas cierta libertad de acción en la situación en que te encuentres y puedas comprometerte a lograr el objetivo. Puede que tengas que hacer, por ejemplo, el inventario completo del almacén para el fin de mes. Hay muchísimas cosas que puedes hacer para que la tarea te resulte más agradable y gratificante en última instancia puedes hacer de ella tu propia meta. Tal vez puedas emprender el trabajo en un pasillo cada vez. O bien, puedes optar por comenzar con todos los artículos de precios elevados. Al enfocar como un reto una tarea impuesta desde fuera, tal como la de volverte organizado, puedes verla bajo una luz diferente e interiorizarla como una meta propia.

Cuando tu madre te decía que pusieras en orden tu habitación, es probable que lo hicieras a desgana si no adoptabas la meta como tuya propia. La suya era una orden impuesta por alguien superior, que «tenías que hacerlo» aunque no te gustara. Seguramente, te gustaban los resultados e, incluso, se podría admitir que la habitación tenía un mejor aspecto y, al estar organizada, era más funcional. Sin embargo, ¿no te hubiera resultado mucho más fácil si en todas esas ocasiones hubieras adoptado como tuya propia la meta de limpiar y organizar tu habitación?

Hoy, de modo potencial, prevalece la misma solución. Si te han asignado la tarea de organizar informes financieros, la mesa del comedor o el patio, antes de iniciarla dedica unos instantes a considerar la tarea:

- ¿Qué es lo que implica?
- ¿Qué clase de energía tendrás que dedicar a su realización?
- ¿Qué es lo primero que vas a hacer?
- ¿Cómo te encargarás de eso?
- ¿Cómo te sentirás cuando la tarea esté terminada?

¿Puedes personalizar esta tarea, o sea, hacerla tuya? ¡Claro que puedes! Incluso si es una tarea seriada, que te ha sido impuesta, al personalizarla la vuelves más fácil.

Verás que tu actitud cambiará en cuanto conviertas la meta en tuya propia.

- ¿Despejar a paletadas la acera frente a tu casa después de una fuerte nevada? Apuesta que, una vez hecho, ¡va a ser el mejor trabajo en todo el barrio!
- ¿Desempolvar con una aspiradora la alfombra de la sala? ¡Desde luego! Y mientras más limpia está la alfombra, más feliz me siento al disponer mis nuevos muebles sobre ella.
- ¿Limpiar ese sucio banco de trabajo cubierto de capas de polvo, recoger tornillos y tuercas sueltas, y herrumbrosas viejas herramientas que compraste en una venta informal en el verano pasado y desde entonces no has vuelto a tocar? Represéntate el cuadro como alguien que es objeto de admiración de todos por la colección de herramientas dispuestas en tu pared.

ESCUCHA Y
TRÁZATE EL CAMINO

21 Reconoce los fallos

Una dificultad de organización administrativa, sobre todo en los años recientes, consiste en confiar en herramientas de programación sofisticadas como si fueran el principio y el fin de todo. Tiene algún sentido usar organizadores *palm top*, agendas electrónicas, *software* administradores de tiempo, planificadores para el día, etcétera, si tales herramientas:

• van de acuerdo con tu manera de vivir y trabajar,
• son simples y te resultan cómodos en el uso,
• te son fáciles de mantener al día.

Da por sentado que no podrás nombrar una herramienta administrativa que no te falle en el mismo instante en que no mantengas actualizada la información que contiene. Reconoce que todas las herramientas que usas para administrar tu tiempo, desde las simples listas de lo que tienes que hacer hasta los sofisticados *softwares* de programación, requieren de una continua alimentación y actualización de datos. De lo contrario, muy pronto dejan de reflejar las tareas y responsabilidades corrientes que afrontas. Incluso con las herramientas de programación y administración que reconocen la voz, de todos modos tienes que «alimentar» el sistema.

Con cualquier herramienta de programación u organización, alguien tiene que estar ocupando el asiento de conductor. Si no sigues fielmente los plazos de tiempo que has establecido, sobre todo si dependes de un programa en coordinación con otros, muy pronto se volverá ineficaz. Del mismo modo que si muerdes más de lo que puedas masticar, las herramientas de programación y planificación pueden alertarte sobre lo que has hecho, pero te corresponde a ti reconsiderarlo y no confiar demasiado en ellas. Respecto a esto, el factor más crítico en la organización, planificación y programación eres tú mismo. Ah, pero esto lo has sentido siempre, ¿no es cierto?

Mientras las herramientas sofisticadas para el control de organización no vengan con un brazo mecánico que mueva literalmente los papeles que se acumulan en tu escritorio, tomen nota de ellos y luego los clasifiquen basándose en tu lista de tareas y en tu programa presente, tú dependerás de tales herramientas, y no viceversa. Mientras los mecanismos de administración no chequeen tu correo electrónico, fax y correos de voz, y valoren y clasifiquen lo que cada uno de esos mensajes representa para lo que tienes que cumplir a lo largo de la próxima hora, día y semana, el uso sin entusiasmo de la tecnología complicada sólo te va a poner fuera de sincronismo.

Para decirlo de un modo más simple, tu cerebro sigue siendo la herramienta más importante en la organización de tu programa, tu tiempo y tu vida. La energía mental que dediques al mantenimiento de tu sistema de organización es lo que impulsa tus esfuerzos. Tómate un descanso. Una mente clara es un paso fundamental en el sendero hacia un escritorio despejado y una vida organizada.

 # Traza tu calendario

¿Te has detenido a pensar alguna vez que puedes programar algunas tareas de organización en tu agenda o calendario del mismo modo que lo harías con cualquier otra obligación importante? Si tu escritorio es casi un área de desastre, si desconoces el contenido de tus sobrecargadas bandejas, y si vas invirtiendo un minuto tras otro a lo largo del día buscando objetos importantes, ¿por qué no programar algún tiempo del día de hoy o de mañana para dedicarlo a la organización?

¿Programar un tiempo para dedicarlo a la organización? ¿No representará esto una carga más en la larga lista de tareas que tienes que afrontar? ¡En absoluto! Programar un tiempo para dedicarlo a la organización incrementa la probabilidad de que te comprometas de veras a realizar tareas de organización. Esto también reduce la culpa. Muchas personas opinan que las tareas de mantenimiento, tales como la de volverse organizado y seguir siéndolo, obstaculizan a todas las demás cosas «importantes» programadas para su día. Si eres uno de ellos, entonces aprende de otros, quienes consideran que sesiones oficialmente programadas para la organización elevan de manera automática esta tarea al estatus de un compromiso importante.

El mero hecho de haber programado una sesión en tu calendario aporta al trabajo de organización peso y sentido de importancia que de otro modo esta tarea no hubiera alcanzado. Por ejemplo, cuando lleguen las 14.30 horas del martes y sea el momento de organizar el segundo cajón de tu escritorio, te sentirás tan obligado a atender esta tarea como si se tratara de cualquier otro ítem programado para ese día. Si le dedicas 45 minutos, entonces presta toda tu atención a esta tarea durante todo este bloque de tiempo. Al final de la sesión de 45 minutos, si no has terminado, al menos habrás avanzado mucho más que si nunca hubieras programado esta sesión.

Aunque te parezca que programar sesiones no tiene sentido, de todos modos, sigue la sugerencia. Compláceme. Programa una sesión organizativa en tu calendario ahora mismo, y cuando se acerquen el día y la hora, dedícale toda tu atención y tus recursos, como harías con cualquier otro asunto que hubieras considerado merecedor de ser programado. Es posible que el resultado te complazca, o incluso te sorprenda.

Controlar el poder de las fechas topes en tu programa puede ayudar también a lograr tus objetivos. Hasta ahora, tal vez hayas tenido horror a las fechas topes y las hayas considerado como restricciones impuestas causantes de estrés y ansiedad. Sin embargo, las fechas topes pueden servir de poderosos motivadores para el cumplimiento de tus metas. ¡Todo depende de cómo mires las cosas!

He escrito treinta y dos libros, pero si hubiera tratado de «escribir un libro entero», no habría terminado ni el primero. Al enfocar cada libro, mi objetivo es más bien escribir un capítulo cada vez. Como la mayoría de los capítulos constan de dos o tres subsecciones, mi meta consiste simplemente en terminar una de ellas, luego otra, otra más, hasta terminar todo un capítulo. El resto del día es como si estuviera de vacaciones.

Al día siguiente, comienzo otro capítulo, y abordo una subsección a la vez. Todo el tiempo reconozco que tengo un contrato que cumplir y que un editor espera con ansia el material. Señalamos la fecha de antemano, y estoy de acuerdo con entregarle el original en ese día como fecha tope.

Realmente, ¿qué probabilidades crees que habría de que yo entregara el original a tiempo, si el editor me hubiera dicho por teléfono: «Oh, nos gustaría tenerlo allá por el día 21 más o menos...»? Lo más probable es que lo terminaría después de finalizar el siglo XXI. El tener un contrato que dice que en «tal fecha» el autor debe entregar todo el original, incrementa de modo drástico la probabilidad de que termine el libro a tiempo.

¿Qué fechas topes afrontas? Aunque tus fechas topes, probablemente, sean impuestas por fuentes externas, puedes afrontarlas con tu nuevo modo de ver las cosas y utilizarlas con ventaja. (Un consejo: una de tus fechas tope es siempre el 15 de abril. Es la que más te gusta, estoy seguro.) ¿Qué fechas tope puedes imponerte tú mismo para incrementar la probabilidad de llevar a cabo las tareas de organización que has creado en apoyo a tus prioridades?

23 ↗ Separa las tareas a largo plazo de las de a corto plazo

Todos aquellos a los que conozco (y muchos de aquellos a los que no conozco) en el mundo de la vida laboral diaria, utilizan algún tipo de lista como herramienta organizativa para llevar las cosas a su término. No estoy a favor a ni en contra de ningún sistema particular que puedas utilizar para ser eficiente. Juzga todo sistema por tus propios resultados personales. Sin embargo, si nunca has usado lo que llamo lista superlarga de tareas, haz un intento.

Si ya mantienes algún tipo de lista de tareas, podrás utilizarla con mayor eficacia en apoyo a tus prioridades si la alargas de modo estratégico sin llegar a sobrecargarte. Tu primera lista superlarga, probablemente, llenará de dos a cinco páginas. En una relación grande, tendrás una idea clara de lo que afrontas, y podrás mantener bien definidas tus prioridades para los años siguientes. Al principio, no tienes por qué seguir un orden lógico por completo; como verás dentro unos momentos, puedes mover los asuntos hasta la primera página a medida que los necesites. Esta primera página contendrá las tareas que debes cumplir a corto plazo.

El primer dilema que tendrás que afrontar será probablemente el tener que equilibrar las tareas y actividades a corto plazo con las de a largo plazo. Mantuve durante años una lista de tareas de diez páginas. Tuve en mi lista cientos de cosas, dispuestas acorde a las mayores prioridades de mi vida. Para no volverme loco, me aseguro de que la mayoría de las tareas en mi lista sean actividades de medio a largo plazo, y éstas no aparecen en la primera página.

En esencia, mantengo una lista de tareas dinámica; contiene todo lo que tengo que hacer, pero siempre con sólo una página que tengo que mirar: la primera. Ésta representa tan sólo las actividades a corto plazo, o sea, las que he elegido para hacerlas de inmediato o en la misma semana. Extraigo asuntos de manera continua de la lista de diez páginas y los muevo a la primera a medida que sea deseable o necesario abordarlos.

Sí, siempre modifico mi lista e imprimo nuevas versiones, pero las ventajas son tantas que no puedo ni pensar en actuar de otra forma, y no hay quien me disuada. Reviso la lista entera de manera periódica, siempre promoviendo ítems de las páginas posteriores a la primera. Por lo tanto, la ansiedad se mantiene en un nivel bastante bajo.

El mantener una lista larga de tareas me ha ayudado a ser más eficaz en cumplir tareas reiteradas o a largo plazo. Imagina una situación en que tengas proyectos sin realizar, personas esperando por los resultados, reuniones que asistir, etcétera. Si estoy trabajando en un proyecto a largo plazo, promuevo sin cesar al primer plano aquellas actividades que puedan manejarse a corto plazo. Del mismo modo, si la tarea es un proyecto cíclico o que se repite, algo que tengo que hacer cada mes o cada año, puedo promoverlo a la primera página en el momento apropiado sin la carga de tener que recordarme constantemente: «Oh, sí, dentro de cuatro meses y medio, de todos modos, tendré que llamar de nuevo a ese hombre para concertar un encuentro».

La mayoría de las personas que mantienen algún tipo de lista de tareas y se atiene a ella a diario, dejan que algunas de las cosas anotadas se aplacen de un día para otro. Cualquier cosa que no se lleve a término en un día se convierte en parte de la tarea del día siguiente. Está bien, pero trata de terminar hoy las tareas de hoy.

Algunas tareas, tales como todas las que involucran los esfuerzos organizativos periódicos, a la hora de confeccionar las listas, se suelen escribir sin darles mucha importancia. No te menosprecies al anotar tareas periódicas.

En el torbellino de las actividades diarias, desliza en tu lista de tareas estelares algunas como estas:

- Organizar el revistero.
- Despejar el escritorio.
- Reordenar la bandeja de entrada.

Tales tareas, con toda probabilidad, no están en tu lista porque puede que no sean vitales. Por supuesto, cuando la desorganización alcanza un punto crítico y comienza a perjudicarte en términos de tiempo, energía o esfuerzos, se convierte en una emergencia. Si un área de trabajo o descanso se vuelve tan desorganizada que no puede utilizarse, el desorden exige atención.

Anotar las tareas de organización en tu lista antes de que la situación se convierta en una mini-crisis te ayudará a mantener una actitud «preventiva». Esto funciona bien en otros aspectos de tu vida, entonces ¿por qué no ha de funcionar bien aquí? Por ejemplo, si llevas el coche a que lo revisen antes de que sospeches que existe algún problema, muchas veces esto te costará mucho menos dinero que si lo llevas a reparar cuando esté roto, o sea, «págame ahora o págame luego». Y te sientes mucho mejor después de llevar tu coche para que lo revisen que después de pasar dos horas caminando hasta una gasolinera y luego otras dos horas más hasta encontrar un camión de remolque a las dos de la mañana.

De modo similar, si haces lo que debes para mantener tu salud de una manera regular en vez de esperar que se te haya que poner un *bypass* coronario cuádruple, vivirás una vida más larga y saludable. Demasiadas personas malgastan su salud hasta recibir el aviso de alerta de que su vida está en peligro. Cuando se trate del continuo reto de llegar a ser y seguir siendo organizado, anotar algunas tareas específicas en tu lista de tareas te ayudará a desarrollar un enfoque de «mantenimiento preventivo» que ha de hacer que muchas tareas organizativas jamás se vuelvan grandes e inabarcables, y en el caso de tu cocina, malolientes e incomibles.

De vez en cuando puedes obviar la lista de tareas y hacer cosas sin que entren tan siquiera en ella. La mayoría de las personas que consideran que una información vale la pena y toman nota de ésta, encuentran que pueden permanecer allí por días, tal vez meses. Para acelerar el procesamiento de datos almacenados, recuerda que esta útil información suele implicar la necesidad de llamar o escribir a alguien más.

Hay una manera de dar varios pasos, reducir el desorden e incrementar notablemente tu eficacia en el trabajo. En vez de agregar nuevas tareas a tu lista, intenta una opción de acción rápida:

Toma un dictáfono de bolsillo o utiliza un *software* de reconocimiento de voz para dictar de inmediato una carta o memorando a quien necesites contactar en relación con lo que estás afrontando o dictar un mensaje (o mecanografiarlo en tu ordenador) para su inmediata transmisión por fax o correo electrónico.

Aquí tienes una pequeña historia sobre cómo yo utilizaba mi dictáfono de bolsillo para obviar mi lista de tareas. Una bella mañana de sábado, estaba revisando la sección de Peter Rich en *Reader's Digest*, donde analiza palabras de vocabulario provenientes de los libros que lee. Hace años yo hubiera tomado nota para escribir a Peter Rich, y así lo hubiera hecho en algún momento de los próximos seis meses. En vez de esto, tomé mi dictáfono de bolsillo y creé una carta al Sr. Rich donde le decía qué palabras de mi vocabulario, en mi opinión, podrían gustar a sus lectores. En cuanto mi transcriptor hubo acabado de mecanografiar la carta, la envié. Por lo tanto, este ítem nunca formó parte de mi lista de tareas.

¿Cuántas veces al día agregas tareas a tu lista cuando de hecho podrías simplemente dictar un memorando, o mecanografiar un mensaje en tu ordenador y ahorrarte el 75 % de tiempo y esfuerzo?

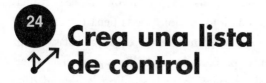

24 Crea una lista de control

¡Las listas de control son magníficas y, además, ya eres un maestro en la confección de listas de control! «¿Yo? ¡De eso nada!», me dices. Bueno, ¿Qué es, en tu opinión, una lista de tareas? Es una lista de control cruda, muchas veces compuesta de ítems listados sin ningún orden particular. Cuando se trate de volverse organizado, bien te pueden servir unas pocas mejoras de tu familiar lista de tareas.

Una lista de control puede contener menos de tres o más de nueve ítems, pero por razones prácticas, por lo general, funciona mejor dentro de esos límites. Si es demasiado breve, en realidad no tienes lista de control ninguna. Si es demasiado larga, se vuelve abrumadora; uno mira la lista y piensa: «Jamás llegaré a cumplirla».

Toma una tarea organizativa que exija atención inmediata. Para mejorar tu capacidad, confecciona una lista de tareas (de control) de tres a nueve pasos que asegure tu éxito en el cumplimiento de una tarea. ¿Qué vas a necesitar hacer en primer lugar? ¿Qué en segundo?

Al confeccionar la lista, sé amable contigo mismo. Lo importante es que primero establezcas un plan. Si no lo has expresado con palabras correctas o no lo has establecido en la secuencia más lógica, no te apures.

Revisa y perfecciona tu lista. Cambia el orden de algunas tareas, combina otras, perfecciónalas o divídelas. En última instancia, verás una secuencia que representará una lista de control viable o bien una secuencia tonta que podría conducirte a una catástrofe.

Ahora, presumiendo que tus esfuerzos han de llevarte a la primera y no a la segunda lista, haz honor a tus esfuerzos realizando los ítems de la lista de control tal y como los has anotado. Dedícate ante todo a la primera tarea y realízala por completo. Si no la has podido completar, llévala hasta dónde te haya sido posible, luego dedícate a la segunda tarea, y así sucesivamente.

Supongamos que tu reto organizativo consiste en recuperar el orden en la mesa de comedor. Tu lista de control podría tener este aspecto:

1. Despejar la mesa por completo.
2. Desempolvarla y pulimentarla.
3. Limpiar el centro de mesa.

4. Colocarlo de nuevo en su lugar.
5. Decidir cuál de los otros objetos debe volver a colocarse alrededor del centro de mesa.
6. Limpiar y disponer los objetos seleccionados.
7. Reubicar, reciclar o desechar los objetos expulsados de la mesa de comedor.
8. ¡Llamar a alguien para que sea testigo de tus esfuerzos! (En caso de que creas que jamás nadie podrá creer que tú lo hayas hecho.)

Cuando ves que tus esfuerzos son apreciados, el estímulo positivo incrementa la posibilidad de que extiendas tu actividad organizativa a otros lugares en tu hogar y oficina.

Mantén una lista de proyectos

Puedes afrontar varias tareas organizativas tanto dentro como fuera de tu hogar, oficina y coche, así como dentro de tu escritorio, portafolio, billetera o bolso. En vez de tratar de dedicarte a todas ellas de un modo casi concurrente, concéntrate en un área cada vez. Si esto te ayuda, confecciona una lista más esclarecedora que mencione cada lugar o espacio en tu vida que desees organizar. Por otra parte, puede que no te alcance papel para la cantidad de listas que vas a necesitar...

La lista puede clasificarse según la importancia, número estimado de horas necesario para la realización o el grado de dificultad. Revisa la lista periódicamente y selecciona aquellas tareas organizativas para cuyo inicio tengas fuerza física, mental y emocional. Una vez que comiences la tarea, haz lo posible por realizarla en su totalidad si ésta es el área que te impide organizarte por completo.

Como alternativa, si la tarea es grande o multifacética, como la de reorganizar tu archivador de cuatro cajones en el trabajo, combina tus esfuerzos con las sugerencias de los consejos núm.10, «Recompénsate a ti mismo», y núm. 60, «Divide, literalmente, y vencerás».

Mantén la lista en un lugar donde esté a mano, donde puedas encontrarla y examinarla con facilidad. Tener la lista a mano es más importante de lo que puedas creer. Hoy en día, todos nos enfrentamos a numerosos ítems que «compiten» por apoderarse de nuestro tiempo y atención, y es relativamente fácil perder de vista lo que deseamos realizar. Todo gira en el remolino diario de tener tanto que hacer. El simple acto de preparar una lista esclarecedora de proyectos organizativos y examinarla de manera periódica puede ayudarte enormemente.

25 Planifícalo

Para algunas personas, preparar un esbozo de lo que hay que hacer resulta muy pesado, pero un esquema visual, que a veces llamamos mapa mental, es menos oneroso, y me atrevo a decir que es hasta divertido. Si eres una persona de orientación visual, puedes encontrar alivio en la planificación de tu propia búsqueda organizativa. Toma cualquier tarea organizativa que se te plantee y descríbela, lo mejor que puedas, con una sola frase, breve y simple. Escribe la frase en el centro de una hoja de papel y rodéala con un círculo.

Entonces, desde el círculo y hacia fuera, traza una línea con una flecha en su extremo hasta lo primero que te venga a la mente. Por ejemplo, si eres un alumno de enseñanza media, deseas ingresar en la universidad y no te has estancado en el proceso de solicitud, la tarea organizativa que has de anotar en el medio de la página podría ser «ingresar en la universidad». La primera línea con flecha que traces puede apuntar hacia una segunda frase, por ejemplo, «confeccionar la lista de mis diez primeras opciones de escuela».

A partir de ahí, podrías tener cualquier número de opciones inferior a diez pero superior a tres, cada una de ellas merecedora de una flecha. Si esto te ayuda, escribe el nombre de cada universidad posible junto al extremo de una flecha. Al volver a tu tarea central, en el medio de la página, observa tu primer movimiento al organizar tu campaña de ingreso en la universidad. Puede que te hagan falta direcciones de correo postal y electrónica de cada una de las instituciones. Así que traza otra línea con otra flecha y escribe: «obtener datos de contacto».

Otra línea que traces desde tu tarea central podría decir: «obtener materiales de solicitud». Puesto que la mayoría de las instituciones poseen algún tipo de formularios de solicitud descargable que se pueden conseguir por medio de su sitio web, es muy posible que no te sea necesario gastar ni diez centavos en sellos de correos.

Es posible que, como corolario de la obtención de formularios de solicitud, desees también adquirir prospectos, modelos de orientación o catálogos de cursos de las respectivas universidades. Puede que desees recibir discos con copias de estos ítems o descargarlos del web. En ambos casos, líneas adicionales con sus flechas deberán apuntar a estas tareas adicionales.

Algunos consideran de gran ayuda el uso de marcadores o plumas de colores para estimular su creatividad y hacer que la página sea más atractiva visualmente. La clave está en hacer que, mientras estés creando tu «mapa visual», éste «desprenda chispas». En el proceso, no tienes que responder ante nadie. Si quieres, usa rectángulos, pequeños cuadrados, estrellas o cualquier otro símbolo, todo está en tus manos. Si deseas vincular las tareas con líneas intermitentes, punteadas, dobles o sinuosas, ¡es asunto tuyo!

Muy pronto, tu página empezará a llenarse. A partir del centro y ramificándose en muchas direcciones, confeccionarás un mapa visual de las actividades y tareas clave que tienen que ver con la organización y la ejecución de tu campaña de «ingresar en la universidad». De modo similar, podrías usar una hoja de papel para trazar tus otros retos organizativos. Cuando tu «mapa» esté completo o casi completo, empieza a usarlo como tu guía. Ejecuta las tareas tal y como las has planificado en la página especial. (Lee también las sugerencias acerca de cómo trazar tu camino en el consejo núm. 36.)

26 Sigue tu propio sendero

Los ordenadores *palm top* te permiten viajar acompañado de tus planes, para mantener tu base de datos sobre contactos, te permiten enviar faxes, mantenerte al día con tus correos electrónicos, así como acceder a Internet desde cualquier parte del mundo. Con la aceleración del avance de nueva tecnología, un número sin precedentes de nuevas herramientas están a tu alcance para ayudarte a seguir siendo organizado. En el mercado están presentes unas cuantas variedades de *softwares* de organización y planificación que te permiten:

- Administrar tus programas diaria, semanal y mensualmente.
- Disponer tus actividades diarias de acuerdo con las importantes y urgentes tareas a las que te enfrentas.
- Participar en la planificación de proyectos.
- Compartir ficheros descargándolos.
- Vincular electrónicamente tus planes y programas con otras personas.

Los componentes subyacentes de una organización eficaz de tu día a medida que progresas en las tareas y proyectos que has seleccionado siguen siendo los mismos. Cualquier meta que trates de alcanzar debes anotarla y asignarle un marco de tiempo específico. Si no asignas un tiempo programado específicamente para una tarea o un proyecto, entonces te dará lo mismo «cualquier tiempo», y «nunca» es el resultado más probable. Nunca es un tiempo muy largo.

Todos los meses se ponen a nuestra disposición *softwares* de programación, agendas y otros organizadores cada vez más poderosos. La mayoría de estas herramientas de apoyo ofrecen algunos elementos comunes muy convenientes, que incluyen los siguientes:

- Sistema agenda para almacenar y hacer el seguimiento de citas, identificar conflictos de programación, y señalar área y tiempo de actividad crítica.
- Diversas formas de gráficos, incluyendo gráficos de hitos, gráficos progresivos y calendarios.
- Menús *drop-down*, técnicas *drag-and-drop* e iconos correspondientes.
- La flexibilidad de añadir o sustraer actividades en cualquier secuencia deseada.

- Colores, símbolos y otras herramientas que ofrecen una clara percepción visual.
- Alarmas y timbres que marcan comienzo y fin, determinan el tiempo e intervalos según tu voluntad.
- Capacidad de enviar cualquier carpeta de gráficos a un sitio web, por medio de fax, correo electrónico o bien descargándolas.
- Opciones múltiples para imprimir cualquier gráfico.

Por sofisticado que sea el *software* de tareas o de programación que puedas estar utilizando, de poco te servirá si la información que suministras no está al día o es imprecisa (ver el consejo núm.21). Basura que entra da basura que sale, y con los instrumentos de programación y organización, ¡todo cuanto entra, sale!

Independientemente de si usas el más sofisticado *software* de administración y programación de proyectos en tu ordenador o *palm top*, o si te atienes a tipos de herramientas no técnicas, tradicionales, tales como gráficos o cuadrículas trazados a mano, una planificación cuidadosa de tus pasos conducirá a estos resultados muy deseables:

- Incremento significativo de tu probabilidad de éxito.
- Mayor productividad.
- Administración eficaz de tiempo.

Las tres formas básicas de las herramientas de administración y programación de proyectos son gráficos de hitos, gráficos corrientes y calendarios. Estas herramientas se analizan brevemente en los consejos siguientes.

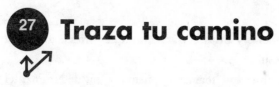

Traza tu camino

Es probable que el gráfico de hitos, que se conoce de manera formal como gráfico Gantt (según su inventor Henry L. Gantt), te sea familiar (aunque no tuvieras la menor idea de que se llamaba así). Te ofrece la posibilidad de echar una rápida mirada sobre tu progreso en diversas tareas y proyectos en relación con el tiempo:

	MES 1	MES 2	MES 3	MES 4	MES 5
Tarea 1	>>>>>>>	>>>>>>>	>>>		
Tarea 2	>	>>>>>>>	>>>>>>>	>>>	
Tarea 3			>>>>>>>	>>>>>>>	
Tarea 4				>>>>>>>	>>

He aquí cómo funciona: supón que una de tus prioridades es avanzar en tu carrera. Una de tus metas en apoyo de esta prioridad consiste en conseguir un aumento salarial en la próxima sesión trimestral de desempeño y evaluación programada para dentro de once semanas. Para alcanzar esta meta, tienes que identificar cinco tareas que aumentarán en gran medida el valor de tus servicios ante el jefe y los superiores de tu división. Estas tareas comprenden:

- Reelaborar el manual de orientaciones para los nuevos contratados.
- Publicar un artículo en una de las tres revistas principales de tu industria.
- Iniciar un boletín de noticias mensual *on line* y prospectos para los principales clientes de tu firma.
- Terminar el informe tres semanas antes de lo debido.
- Participar en la feria comercial clave estableciendo contactos importantes y reuniendo información crucial para tu jefe.

Agregar estos cinco logros al programa de tus actividades a lo largo de once semanas, además de lo que realizas normalmente durante el día y la semana, será un reto; pero, ¡eres un soldado! Ahora tu misión es asignar tiempo y recursos para terminar cada una de las tareas y situarte en una posición que te proporcione el aumento salarial que buscas.

Una herramienta visual más sofisticada es disponer cada una de las actividades en el gráfico de hitos de tal manera que tengas una clara indicación tanto del momento de cada una de ellas como de su secuencia, y cómo te han de apoyar en el logro de tu objetivo principal.

Para empezar, señala la información fundamental para cada proyecto. Acto seguido, llevando el proceso algo más allá, agrega tareas subordinadas a cada una de las áreas de tareas. Por ejemplo, para publicar el artículo, primero puede que tengas que entrevistar a algunas personas o llevar a cabo cierta investigación. Éstas podrían ser las tareas subordinadas. Es posible que tengas que reordenar tus notas, crear un esbozo, después escribir el primer borrador, luego tal vez un segundo, y que un colega revise el artículo antes de que presentes el borrador final a los editores. Por último, tendrás que presentar el borrador final a los editores.

Tarea / Item	1	2	3	4	5	6	7	8	9	10	11
Reelaborar manual	>>	>>>	>>>>	>>>							
Publicar artículo		>>	>>>			>>>		>>>			
Boletín de noticias *on line*				>>	>>>	>>>	>>>	>>>	>>>		
Confeccionar informe						>>	>>>	>>>			
Feria comercial								>>	>>>		

28 Agrega a tu gráfico tareas subordinadas

En relación con la cantidad de detalles que necesites o puedas soportar, es posible que vayas a tener entre seis y diez tareas subordinadas en apoyo de una tarea dada. A ti te toca elegir con cuántos detalles las reflejarás en el gráfico. Lo importante es que lo que reflejes te sea útil: que te ayude a continuar tu progreso hacia las metas elegidas. En otras tareas, puede que te veas programando de entre dos o tres tareas subordinadas hasta quince o más.

Continuemos con el ejemplo de hacer que se publique un artículo; desearás anotar los detalles que te pueden ser de gran utilidad. Si complicas el gráfico, esto podría ser contraproducente para tus propósitos. Intenta mejorar tu gráfico, agrégale símbolos como una línea intermitente, que podría denotar germinación, o pon notas al pie del gráfico; dispón flechas a la izquierda y a la derecha, que puedan indicar diferentes períodos de actividad, e inserta espacios en blanco que indiquen la ausencia de actividad.

Puedes escribir iniciales de personas junto a determinadas tareas subordinadas. Así podrás ver con facilidad quién es la persona cuya cooperación necesitas o en quién delegarás esta tarea subordinada. Por ejemplo, si se trata de escribir un artículo, tal vez encargues a otra persona la labor de reunir toda la información investigadora y luego pasártela.

Puedes recurrir asimismo a distintos colores, no importa si el gráfico está en una pared o si es una hoja de papel en una carpeta, o si bien está en tu disco duro. Por ejemplo, el verde se podría utilizar para marcar el comienzo de las tareas; el amarillo, designar alguna función crítica; el azul podría representar la finalización. En relación con del nivel de detalles que te sea cómodo, podrías crear gráficos por hitos para cada tarea.

Si trabajas con personas diferentes en cada tarea, entonces un gráfico por hitos separado les puede resultar más fácil. De modo similar, cuando consideras una amplia escala de esferas de prioridades en tu vida y las metas que te has planteado en su apoyo, entonces, al parecer, los gráficos por hitos múltiples resultan de mayor utilidad. Así y todo, trata de mantener las cosas lo más sencillas posible, ya que de otro modo tendrás que organizar tus gráficos organizadores.

Item	1	2	3	4	5	6	7	8	9	10	11
Reelaborar manual	>>	>>>	>>>	>>							
Publica artículo		>	>>>	>>>	>>>	>>>	>>>	>>>	>>>	>>>	>
Entrevistas		>>									
Investigar		>	>								
Organizar			>								
Esbozo				>>							
1º borrador						>>					
Mirar revisión						>>					
2º borrador								>>			
Rendir									>		
Dar seguimiento											>
Boletín noticioso *on line*				>>	>>>	>>>	>>>	>>>	>>>		
Informe					>>	>>>	>>				
Feria comercial							>>>	>			

29 Organízate con gráficos progresivos

La mayoría de las personas han tenido en algún momento experiencias con gráficos progresivos y, en su mayor parte, esto no fue traumático. Tal vez recuerdes el instante en que uno de tus maestros en la escuela primaria dibujó un cuadrado, luego trazó una línea hacia otro cuadrado o círculo, luego la hizo descender hacia otro objeto. Podría haber sido tu maestro de matemáticas cuando te explicaba la relación entre los números, o tu maestro de historia al referirse a la intrincada migración de pueblos nómadas, o tu maestro de ciencias al hablar sobre la interacción entre componentes químicos, o quizá tu maestro de educación física cundo trataba desesperadamente de explicarte un juego de pelota.

Aunque los gráficos corrientes se utilizan en amplia medida para transmitir un proceso (cómo sucede algo), resultan asimismo muy convenientes para ayudarte a:

- Seguir el progreso de un proyecto
- No perder de vista el blanco
- Cumplir metas y mantenerte organizado.

Los gráficos progresivos pueden extenderse hacia abajo o hacia la derecha. En los negocios, suelen ampliarse hacia la derecha, de modo que se pueda agregar una línea de tiempo a la parte superior o inferior del gráfico.

Los gráficos progresivos son de especial utilidad a la hora de programar actividades relacionadas con un área de tareas o proyectos que requieren participación de diferentes personas o recursos y donde se producen contingencias. Con un gráfico así puedes prever varios resultados posibles. Si la respuesta a una pregunta es «sí», el gráfico progresivo avanza por un camino, y si la respuesta es «no», avanza por otro. Los gráficos progresivos admiten asimismo curvas de retroalimentación. Si has entregado un artículo para su publicación, y el editor desea cambios específicos, la curva de retroalimentación puede abarcar aquello adonde tienes que dirigirte a continuación. También puedes comprar gráficos en que se puede borrar, lo cual es muy útil para hacer correcciones sobre el paso.

Al igual que en el caso de los gráficos por hitos, puedes usar colores y símbolos para diferenciar a la vista distintos tipos de información. Si sitúas en la parte inferior del gráfico una clave para indicar qué representa exactamente cada símbolo y cada color, entonces no podrás equivocarte.

 Marca tu progreso

Un método para estar organizado consagrado por el tiempo es el uso del calendario para asegurar el avance hacia las metas elegidas. Supongamos que uno de tus proyectos ha de iniciarse y llevarse a término en el mismo mes. Vas a preparar un manual de orientación nuevo por completo para los nuevos contratados. Como se indica en la ilustración siguiente, la fecha de entrega es el 31 de marzo. Así pues, en tu calendario, junto a esta fecha escribes: «Terminar el manual».

Para que este sistema funcione, utiliza páginas de calendario reales del año en curso para todos los meses que sean pertinentes para el proyecto que estás gestando. Si aún no has organizado tu escritorio, es probable que desees poner las páginas del calendario en la pared para que no se te pierdan. Analizando a partir de esta fecha final hacia atrás, hacia el presente, ¿qué es necesario que ocurra antes de la entrega del nuevo manual de orientación? Si ocho días laborables antes de la fecha tope, el 22, necesitas reunirte con algunos jefes de departamentos para impartirles instrucciones y obtener sus aportaciones, entonces programa una reunión para este día.

MARZO

Lunes	Martes	Miércoles	Jueves	Viernes	Sábado	Domingo
1	2	3	4	5	6	7
8	9 Iniciar revisión	10	11	12	13	14
15 Leer prueba del manual	16	17	18	19 Reunir ejemplares	20	21
22 Reunión	23	24	25	26	27	28
29	30	31 Acabar manual				

De la misma manera, determina lo que debe suceder antes de la reunión, al igual que lo que debe suceder inmediatamente después. En cada caso, marca las fechas en el calendario, entonces podrás vincularlas con líneas o flechas que muestren las relaciones entre las fechas. Como en el caso de los gráficos de hitos y progresivo, puedes utilizar colores y símbolos para obtener una rápida visión de cómo avanzan tus proyectos.

Con este método de «marcha atrás por el calendario» puedes ver enseguida si has pasado por alto alguna fecha intermedia en el afán de llevar a término tu proyecto de manera exitosa, has puesto en riesgo la terminación de las tareas subordinadas en todas las demás fechas intermedias. Cada fecha intermedia representa una mini fecha tope. Por lo tanto, tienes un sistema incorporado para asegurar que tu proyecto continúe según el plan.

Para las metas cuya consecución requiere años y décadas, comenzar partiendo mentalmente desde el fin es el único modo práctico de proceder. Gráficos de hitos, gráficos progresivos, así como grandes calendarios de pared, se pueden adquirir en los comercios de útiles de oficina y en los respectivos sitios web de esas compañías. Así pues, ¡ve de compras!

EXIGE TUS LUGARES Y ESPACIOS

31 Comienza desde cero

Cuando tienes un lugar o espacio que deseas organizar, sobre todo si desde hace mucho tiempo sabes que debes ordenarlo un poco pero no lo haces, con frecuencia tiene sentido darle una buena limpieza antes de proceder. ¡Considera, por favor, el caso de la guantera de tu coche! Una guantera típica puede contener mapas, un manual de instrucciones, documentos de registro del coche, plumas, lápices, papel, monedas, recortes de periódicos, vales de descuento para restaurantes y cupones de supermercado.

¿Cómo te las vas a arreglar para lidiar con todo ese caos? Vacía por completo la guantera y ponlo todo en el asiento junto a ti. A medida que lo hagas, desecha envolturas de goma de mascar y otra basura. Mira las fechas de vencimiento de los cupones y rompe todos los que ya están pasados. Guarda el resto unido con una forma elástica o un clip de papeles.

Toma los mapas, los documentos de registro del coche y otros papeles importantes y ubícalos en el fondo de la guantera, de modo que ocupen el menor espacio posible. Devuelve a su lugar cualquier ítem que consideres esencial, como servilletas de papel higiénico, plumas y lápices, y otros objetos que pueden colocarse en una posición más o menos horizontal. Deja los vales de descuento para lo último, ya que vas a querer revisarlos periódicamente.

Los objetos más grandes que desees guardar en la guantera, tales como una cámara, medicamentos, un sombrero o guantes (sí, algunas personas guardan guantes en la guantera), van al final porque pueden colocarse con comodidad encima de los otros objetos.

Despejar la guantera es más fácil que tratar de ordenarla sumergiendo una mano, o las dos, en las honduras del caos e intentar revolver las cosas. Cuando todo está provisionalmente fuera, se hace evidente cuáles son los objetos que no hay que reemplazar. Tienes también una mejor oportunidad para reconsiderar si los objetos de larga duración que mantienes en la guantera te son realmente necesarios. Si tienes cuatro mapas pero en los últimos nueve meses tan sólo has usado uno, tal vez los otros tres pueden introducirse en una cartera y guardarlos en el maletero.

Asimismo puede haber artículos en la guantera que llevan años allí y que nunca has usado. Tras una revisión podrías decidir que el coche no es el mejor lugar para guardarlos. Podrías llegar a la conclusión de que otros objetos, que antes no guardabas en la guantera, deberían estar allí. En el espacio de almacenamiento que ahora has ganado habrá lugar para tales objetos, hasta que dejes que tu guantera vuelva a desordenarse por completo (es una broma; sé que nunca vas a permitir que esto vuelva a suceder).

Usa un sistema de «ordena sobre la marcha»: sin «maratones», acumulaciones y abarrotamientos. Una vez que desarrolles este hábito de despejar espacios en todos los compartimentos de tu vida, tu coche, tus armarios, botiquines, etcétera, habrás logrado muchas cosas. Te habrás demostrado a ti mismo que tienes, realmente, la capacidad de ser organizado, administrar tus asuntos y dirigir tu propia vida. Estás listo para enfrentarte a lo que viene a continuación y no tan sólo escaparás «por un pelito».

Haz ver que es el día uno: cuando tus lugares y espacios llegan a estar demasiado desordenados, haz ver que es el «día uno» y comienza a reorganizar el área desde el cero. Esta estrategia muy viable funciona muy bien, en particular con tu mesa de trabajo. Haz memoria, por ejemplo, de cuando ocupaste tu puesto actual en el trabajo. El día uno, cuándo llegaste a tu oficina o despacho, ¿en qué condiciones estaban la habitación, tu mesa, cualquier archivo, armario y otros espacios cercanos? Ya lo adivinaste: vacíos. Imagínate que estás sentado ante tu escritorio por primera vez. ¿Te gustaría seguir colocando los objetos como lo haces ahora, ubicándolos en sus lugares habituales? Si es así, eres libre de dejarlos donde están.

Reconsidera en detalle cómo trabajas con los materiales en tu oficina. ¿Deberían algunos desplazarse hacia la izquierda o hacia la derecha? ¿Se debería retirar algo del escritorio? ¿Es preciso agregar algo? Considera cada ocasión en que has tenido que estirarte por encima de la mesa de trabajo para alcanzar algo. Si eres diestro, piensa cuántas veces has tenido que esforzarte por buscar algún objeto a tu lado izquierdo. ¿Puedes reordenar todas tus útiles de tal modo que te economices movimientos y tengas que maniobrar menos? Como alternativa, ¿hay aquí cosas que preferirías mantener algo más apartados para que esto te permita estirarte alguna vez a lo largo del día? Independientemente de lo que decidas, la configuración de tu mesa de trabajo tiene que estar a tono con tu manera de trabajar y obrar. ¡Que no te importe lo que esté haciendo cualquier otra persona! Adopta la mentalidad de «día uno» y es posible que descubras un escritorio y espacio laboral que sean novedosos y representen un estímulo tanto para la productividad como para el disfrute.

32 Conquista tu escritorio

Con el propósito de mantenerte organizado, así como para administrar tu tiempo y sentirte pletórico de energía, despeja tu escritorio y el área circundante cada tarde, cuando termines tu labor diaria. Sí, has leído bien: cada tarde antes de irte. Esto te ayudará también a comenzar tu día siguiente de la mejor manera.

He conversado sobre este tema de ser organizado con quienes han llegado a ocupar cargos muy importantes en muchas profesiones, entre ellos, ejecutivos de corporaciones, pilotos de aerolíneas, gerentes de plantas, incluso mis colegas autores y conferenciantes. Todos y cada uno de los entrevistados han admitido que, cuando su escritorio en la oficina y las áreas personales circundantes están en orden, al comenzar la jornada se sienten más enérgicos. A la inversa, cuando estas personas de éxito entran en su oficina por la mañana y ven un gran caos, se sienten hasta cierto punto derrotados.

Despejar el escritorio y las áreas circundantes cada tarde requiere disciplina. A muchas personas no les gusta despejar sus escritorios. Es mucho más fácil irse simplemente hasta el día siguiente. Sin embargo, si uno ordena sus materiales por la tarde en aras de una mayor productividad en la mañana siguiente, muchos beneficios entran en juego. Si dejas el escritorio despejado antes de irte, te proporcionas un sentimiento de que tu día ha sido terminado o tu trabajo cumplido.

Cuando llegas por la mañana y te saluda un ambiente despejado y recogido, esto te da un estímulo psicológico. Más, te enfrascas automáticamente en el asunto más importante dejado sin terminar el día anterior, o bien tomas una nueva decisión sobre qué documentos has de sacar de tu escritorio, archivo o estantes basándote en lo que deseas realizar esa mañana. Con frecuencia, esto resulta más productivo que tener que lidiar sin más con lo que dejaste anoche sobre tu escritorio.

Algunos proyectos abarcan varios días, y por esta causa a veces resulta prudente dejar una (¡solamente una!) carpeta abierta sobre el escritorio para que sea la primera en atraer tu atención en la mañana siguiente. Sin embargo, no vayas a caer en el hábito de dejar montones de cosas inacabadas sobre tu escritorio todas las tardes. Si tienes un proyecto, una carpeta o cualquier otro trabajo frente a ti, y el resto de tu escritorio permanece despejado, vas a tener:

- Más energía.
- Más concentración.
- Más dirección.
- Más motivación.

Considera la superficie de tu escritorio, aunque ya no puedas verla a través de todo el desorden. ¿Qué, exactamente, necesitas tener allí? Una respuesta rápida es: cualquier cosa que se vaya a utilizar de manera recurrente y a diario. Esto incluye una pluma, un rollo de cinta adhesiva, una grapadora y un extractor de grapas, bloques de Post-It, una regla, clips, etcétera. Todo aquello que no vayas a usar a diario o de modo recurrente no debe ocupar espacio sobre tu escritorio. Es preferible guardar tales objetos en un cajón del escritorio o quizás sobre una mesita cerca de ti.

¿Por qué molestarse con hacer diferenciación entre lo que se usa y lo que no se usa a diario o de modo recurrente? Porque tu objetivo es siempre tener tanto espacio despejado como te sea posible a fin de que te sirva de ayuda en tu trabajo. Deseas superficies limpias, despejadas y planas. En el sentido literal, necesitas un área de desembarco: un lugar donde puedas abrir paquetes, revisar correspondencia, o sea, disminuir montones y acumulaciones.

Ejemplos de objetos útiles sobre tu escritorio

- Papel
- Papel timbrado
- Sobres comerciales
- Abridor de cartas
- Sellos
- Regla
- Grapadora y extractor de grapas
- Tijeras
- Tarjetas de presentación
- Separadores de bandeja
- Pañuelos de papel
- Plumas, lápices, marcadores de colores
- Rotuladores
- Tarjetas de notas y postales
- Bloque de papel de borde adhesivo y Post-It
- Clips

Sitúa los objetos que te sirven de apoyo y familiares cerca de tu escritorio, pero no encima de éste. Esto incluye objetos personales, tales como fotos, plantas, así como motivadores anímicos. También, si un objeto mejora tu productividad, eficacia y creatividad, colócalo cerca de tu escritorio, pero no encima. Está bien, tal vez puedas conservar unos pocos objetos personales muy pequeños sobre tu escritorio, tales como fotos o juguetes.

- Objetos útiles para áreas circundantes
- Carpetas
- Papelera de gran tamaño
- Bandeja para prensa

Esto es todo lo que necesitas tener a mano cuando estás despachando correspondencia, archivando o te ves dedicado a cualquier otro trabajo de oficina. Sellos que digan «Redactar» o «Revisar y devolver» pueden ahorrar el tiempo que inviertes en escribir a mano mientras organizas y envías materiales.

Por lo tanto, trata tu escritorio como uno de los elementos más importantes que debe permanecer organizado, porque lo es de veras. Reconoce que cuando comienzas cada mañana con un escritorio despejado y una oficina limpia y ordenada, trabajas con más energía, concentración, dirección y motivación. Resulta más fácil concentrarte en las tareas que consideras más importantes y urgentes.

Qué cuenta el interior

Trata de retener dentro de tu escritorio todo lo que utilizas a lo largo de la semana, aunque los objetos de uso diario se pueden colocar allí también. Reconoce, sin embargo, que los cajones de tu escritorio no son almacenes. Puedes guardar un paquete de papel, pero no varios. Sólo necesitas un paquete a la vez. No vas a abrir tu propio almacén de artículos de oficina. El principio general es tener un objeto a mano para cuando lo necesites. Guarda paquetes de papel y otros materiales extra en un archivo, un armario o cualquier otro espacio fuera del epicentro de tu labor creativa y productiva.

Si optas por utilizar uno de los cajones de tu escritorio como archivo, entonces, obviamente, éste deberá almacenar carpetas de proyectos muy actuales. Coloca en la parte delantera los materiales importantes y urgentes, y los menos importantes y no tan urgentes hacia atrás. Las carpetas son más útiles cuando sólo contienen documentos importantes. Desecha de modo rutinario la información superflua y aprovecha cada oportunidad para reducir, eliminar y deshacer y reducir los montones. Conserva sólo aquellos materiales que son imprescindibles.

Una vez que tengas sobre la superficie de tu escritorio solamente aquellas cosas que deben estar allí, y en el interior de tu escritorio sólo aquello que allí tiene que estar, procede con los otros espacios de tu oficina. ¡Puedes hacerlo!

33 Haz que tus estantes trabajen para ti

Es probable que tengas en tu oficina, despacho o área de trabajo algún tipo de estantería. La pregunta de qué mantener en los estantes versus qué es preferible guardar en un archivo es relativamente fácil de responder. En lo esencial, es preferible usar los estantes para lo que sigue:

• Guardar de modo temporal los materiales que, con probabilidad, se utilicen en el transcurso de dos semanas, o los que son demasiado grandes para estar en el archivo.

- Mantener una serie de objetos parecidos, como doce ejemplares de la misma revista, o una caja para guardar revistas.
- Contener proyectos en curso.
- Guardar libros, directorios, catálogos de suministros y otros artículos con inscripciones al dorso.

Recuerda que los objetos que guardas de modo temporal en los estantes se han de usar, de modo ideal, en diez o quince días. No deben estar allí por un tiempo superior a cuarenta o sesenta días. Es muy fácil perderles la pista. Una vez que un montón provisional se convierte en una carpeta permanente, comienzas a perder el control de lo que guardas. El abarrotamiento en tu oficina empezará a crecer, y de nuevo te va a asombrar por qué te sientes tan desorganizado.

Ten cuidado asimismo al almacenar en un estante elementos de un proyecto en progreso. Está bien colocar allí el grueso de los materiales con que estás trabajando para tener ante ti unos pocos en cualquier momento dado. Sin embargo, si mantienes tu escritorio en orden, entonces los materiales del proyecto actual deben rotar de la mesa al estante y de allí de nuevo a la mesa. Durante este proceso, la masa de materiales debe decrecer, y por último ya no tiene por qué aparecer en los estantes.

Mientras más ligera la carga, mejor

Cuando el flujo de cosas a tu oficina sea cada vez mayor, descubrirás que tus estantes se van a llenar en tiempo récord. Todos los catálogos de utensilios de oficina, directorios anuales, guías de instrucciones sobre *softwares*, manuales de política de la compañía y de procedimientos contribuyen a que un espacio abierto se convierta muy pronto en un lugar «sin espacio». Es por eso que resulta de crucial importancia almacenar los suministros en un armario destinado para ello.

Los armarios para suministros se diseñan para guardar objetos en grandes cantidades. Estos artículos se pueden colocar uno encima de otro, horizontalmente, o uno junto a otro. De modo ideal, tu armario ha de estar más lejos de tu escritorio que los estantes. Si bien te tienes que esforzar por organizar los artículos en tus estantes, los armarios de suministros permiten mucha más libertad de acción.

El beneficio de usar armarios de suministros radica en que puedes abrirlos sin más y encontrar lo que buscas. Te ayudan a mantener juntos los objetos similares. Sin embargo, un orden extremo aquí es sólo de importancia marginal. Mientras más cosas de oficina se guardan en un armario, tanto más aumenta la necesidad de mantenerlo en orden. (Así que, una vez más, el orden es importante, como decía tu maestro de tercer grado.) Si estás en una oficina pequeña, siempre que todos los empleados puedan hallar lo que necesitan en un solo armario de suministros, probablemente esté bien.

Intercomunicación

Los individuos organizados se dan cuenta al fin y al cabo de que la relación entre su escritorio, estantes y armario de suministros no es estática. Lo que se guarda en un lugar puede, en un final, guardarse en algún otro, en relación con lo siguiente:

- Las tareas que se tengan a mano.
- Los recursos disponibles para enfrentar estas tareas.
- El marco de tiempo.

Siempre hay que estar al tanto de lo que se puede eliminar o reciclar. Lo que no necesitas, probablemente no merece que lo archives o almacenes. Muchas personas sienten temor de eliminar cosas sólo porque piensan que «tal vez mañana» las puedan necesitar. «Sé que en el momento que tire algo…». En realidad, en nuestra era de información, esto no representa un problema tan tremendo.

Casi cualquier lista, informe o documento que puedas mencionar es reemplazable. Alguien más tiene una copia; está en Internet; o está en el disco duro de alguien. Si no puedes encontrar una buena razón para aferrarte a algo, entonces ésta es una buena razón para eliminarlo. Muchos ejecutivos retienen información en el trabajo, pero la mantienen al margen y no vuelven a usarla jamás. Incluso si los profesionales yerran en un 25 por 100 a 50 por 100 de sus estimaciones, de todos modos esto significa que mucho de aquello que mantienes puede desecharse. Mientras más despejes tu oficina más fácil te resultará encontrar las cosas importantes que has conservado.

34 Sal ganador en la «caza de papeles»

Milt sabía que necesitaba volverse organizado, pero dejó que pasaran años sin abordar este asunto. Hacía cualquier cosa menos ordenar sus carpetas. Cuando necesitaba encontrar algo, pasaba horas incontables dando vueltas y fuera de control. Con Milt no se podía confiar en que devolviera nada. Esta reputación fue socavando su carrera y relaciones de trabajo. Es probable que restringiera sus ganancias… ¿Tengo que decir más?

Conocer dónde encontrar las cosas, tales como papeles, carpetas y otros documentos necesarios, es signo de competencia y proporciona libertad para concentrarse en un trabajo creativo y satisfactorio, y no en el abarrotamiento que te rodea. Por desgracia, la mayoría de los profesionales de hoy en día se ven invadidos por más papeles que sus antecesores de la generación anterior, a pesar de la antigua promesa de que todos trabajaríamos en «oficinas sin papeles». Si has analizado tu tarea más habitual, hay posibilidades de que la mayoría de los días manipular papeles ocupe el tope de la lista. ¡En muchos aspectos, el organizarse es sinónimo de manipular papeles!

No es asombroso que resulte tan fácil llegar a ser desorganizado en poco tiempo, teniendo en cuenta el volumen de papeles que cada cual tiene que manipular a diario. Cifras del U.S. Postal Service (servicio de correos de Estados Unidos) revelan que en el año 2.000 más de 20.000 millones de catálogos fueron enviados por correo en los Estados Unidos; esto equivale a 70 catálogos para cada hombre, mujer y niño en el país. ¡Si retienes todos esos catálogos, no debes asombrarte de estar sepultado en papeles!

A pesar de la popularidad del correo electrónico, el Direct Marketing Association informa que el índice de crecimiento del volumen total del correo regular, de tercera clase, conocido como correo basura, sigue incrementándose más rápidamente que el índice de crecimiento de la población. El U.S. Postal Service señala que el ejecutivo común recibe todos los meses más de 225 envíos de correspondencia no solicitados. He calculado que cada persona, como promedio, invierte un total de ocho meses enteros de su vida leyendo correos basura. Greenpeace, organización que se dedica a proteger el medio ambiente, envía todos los años 25.000 millones de correspondencia directa a los miembros, partidarios y seguidores que contiene su enorme base de datos.

Tu misión consiste en reducir todas esas páginas de catálogos, revistas y otros materiales voluminosos que van a parar a tus manos de modo que te quedes sólo con lo que te haga falta. Puedes evitar que los papeles te asedien reduciendo el potencial de desorganización desde el principio, como por ejemplo en el momento en que:

- Recibes la correspondencia diaria.
- Alguien te entrega algo.
- Algo va a parar a tu bandeja de entrada.

Utiliza tu fotocopiadora con la mayor frecuencia posible para conservar las pocas páginas que necesites de un libro u otra publicación. Escanea los párrafos y páginas clave directamente en tu disco duro donde sean fáciles de encontrar y recuperar por medio de tus diversas herramientas procesadoras de textos. Eso es mejor que archivar algo y luego tratar de encontrarlo por ti mismo. No cometas el error de escanear demasiado, ya que llenarías tu disco duro tan rápidamente como llenas tus armarios de archivos. La desorganización, sea electrónica o manual, produce ansiedad por igual.

Utiliza una bandeja como si fuera una papelera cuando te llegan con excesiva frecuencia, como, por ejemplo, cuando estás en medio de un proyecto importante o cuando simplemente «no puedes ocuparte de eso ahora». Más tarde, cuando tengas oportunidad, ve a tu bandeja-papelera y ábrete paso lo mejor que puedas a través de su contenido. Entonces, utiliza este proceso de cuatro pasos para evaluar dónde ha de ir cada documento:

- Para actuar sobre esto.
- Para delegarlo.
- Para archivarlo.
- Para reciclarlo o desecharlo.

Dispón los documentos en tu fina carpeta de «para actuar sobre esto» según su importancia y urgencia, y pasa en orden descendente a lo que no es importante ni urgente. Desde luego, la categoría de lo que no es importante ni urgente será siempre la más reducida.

Preguntas importantes

Si esto te ayuda, formúlate a ti mismo una serie de preguntas que te puedan ayudar a determinar rápidamente qué es lo que debes hacer con el próximo documento que vaya a parar a tu escritorio. Estas preguntas pueden ser:

- ¿Qué representa este documento?
- ¿Existe alguna razón para conservarlo?
- ¿Quién más tiene necesidad de saber sobre esto?

Si un documento que recibes merece tu atención y requiere de veras que te pongas en contacto con alguien, para resolver este asunto utiliza el camino de la menor resistencia. En otras palabras, si puedes:

- Utiliza el fax en vez del correo.
- Utiliza el correo electrónico en vez del fax.
- Paga mediante tarjeta de crédito en vez de por cheque.
- Telefonea en vez de visitar.

No dejes de estar alerta

A lo largo del día, cuando tengas el humor, examina tu escritorio, los cajones, los estantes, el armario de archivos y el armario de almacenamiento para determinar qué objetos –si es que hay algunos– ya no es necesario conservar. Esto incluye directorios o manuales de instrucciones caducos que sabes que no vas a utilizar. Identifica asimismo circulares, informes anuales, materiales de relaciones públicas, anuncios, catálogos e invitaciones pasados de fecha. Pequeño consejo: si no encuentras nada, ¡anda y vuelve a buscar de verdad!

Siéntete libre para hacer pedazos las viejas ediciones de libros que nunca volverás a abrir. Puedes arrojar también los viejos recortes de periódicos que no has tocado por más de uno o dos años. Tira los frascos de líquido corrector que de tan viejo es más sólido que líquido. Desembarázate de retazos de papel, borradores, memorandos, correspondencia, informes y cualquier otro documento que no tiene por qué conservarse. Elimina el exceso de catálogos de vendedores de suministros que puedas tener a mano, así como los ítems que tengas por duplicado, informes anuales que no lees, *softwares* que recibes en el correo que jamás vas a revisar y menús de restaurantes adonde nunca vas a ir.

35 Enfréntate a las carpetas con una sonrisa

Archivar carpetas es la técnica organizativa fundamental, lo cual, para algunos, es una noticia de poco agrado. Cuando archivas documentos de una manera inteligente, te proporcionas la posibilidad de extraer eficazmente lo que necesites en el momento en que lo necesites. Según Jim Cathcart, autor de *The Acorn Principles*, «Archivar no tiene que ver con almacenar sino con recuperar». Archivas cosas porque te van a ayudar a prosperar en el futuro (la información que guardas posee poder), o porque existen castigos por dejar de archivar (no serás capaz de pagar tus impuestos). Todos los documentos que archivas han de tener un futuro valor potencial. Cuando se trata de organizar carpetas, la opción más común es colocarlas en un armario-archivo, preferiblemente con puertas que se abran y se cierren con facilidad. Puesto que la mayoría de las carpetas que guardas en casa no son de tamaño legal, un archivo de tamaño corriente te irá bien. Existe una gran variedad de archivos de oficina, con un cajón, dos cajones, etcétera, hasta cinco.

Comienza con un archivo que tenga unos 45-60 centímetros de longitud. Es probable que no tengas necesidad de algo más grande. Utiliza cubiertas de carpetas de diversos colores para separar los documentos y así tener control visual sobre tu archivo.

Piensa en la última vez que estuviste en el consultorio de tu médico. Si las carpetas con las historias clínicas estaban a la vista, es probable que te hubieses percatado de que había algún tipo de sistema de codificación por colores. Este tipo de sistema permite ir directamente al área que se requiere, lo cual disminuye el tiempo de buscar cualquier carpeta específica. La diferenciación de carpetas por colores te ayuda a encontrar cosas con mayor rapidez y facilidad. Puedes asignar cubiertas verdes a todo cuanto tenga que ver con el dinero, azules a todo lo que tenga relación con tu progreso profesional, amarillo a lo relacionado con los impuestos, etcétera.

Los cajones del escritorio pueden servir asimismo como archivos, aunque su espacio es limitado. A no ser que el escritorio esté bien diseñado, suele ser difícil abrir y cerrar los cajones con facilidad. Almacenar cerca de ti la información que vayas a archivar y extraer regularmente es conveniente, y así te lo recomiendo.

Si encuentras que las carpetas se han vuelto voluminosas y caben mal en los archivadores, desecha antes todo lo que puedas. Arroja papeles viejos, duplicados y cualquier otra cosa que sientas innecesaria. Ya esto solo te evitará la compra de un archivo de uno o dos cajones. En el momento en que tengas que aplastar las carpetas para que puedan entrar a la fuerza en el archivador y te veas obligado a hacer un esfuerzo para poder sacarlas, da por sentado que hay un archivador en tu futuro. Mientras tengas un 20 por 100 de tu cajón de escritorio vacío, estás en forma.

Si ha pasado medio milenio desde la última vez que organizaste archivador, en vez de tratar de rehacerlo todo, ocúpate de medio cajón cada semana. Esto te mantendrá a un ritmo seguro y sano. Reúne los objetos que vas a necesitar para ser eficaz, tales como varias cubiertas para carpetas en blanco, etiquetas, marcadores mágicos y cualquier otra cosa que pueda apoyarte en tus esfuerzos. Puede que necesites asimismo de codificadores de colores, una grapadora, un clip, un sujetapapeles, un bloque de papel adhesivo y otros útiles de organización. En vez de usar dos o tres sobres de Manila, eres libre de derrochar: compra sobres negros, verdes, rosados, anaranjados o azules.

Toma simplemente la primera carpeta del archivador que has decidido abordar. Examina su contenido.

- ¿Qué se puede combinar?
- ¿Qué se debe reubicar?
- ¿Qué sobre de color o qué etiqueta de color vas a usar para guardar los materiales restantes?

Todo lo que está en la carpeta se puede combinar, eliminar o reubicar. Tu objetivo de siempre es asegurar que las cosas que has decidido archivar estén ubicadas lo mejor posible.

Toma la segunda carpeta y, de modo similar, revísala y dispón de su contenido. Si no estás seguro de que algo merezca guardarse, existen grandes posibilidades de que de veras no lo merezca, ya que todos somos propensos a guardar y archivar en exceso. Existen probabilidades de valores astronómicos de que puedas eliminar una gran parte de tus carpetas sin ningún tipo de malas consecuencias. Como siempre, mientras menos tengas, más fácil resultará determinar qué es lo que tienes que retener.

Cuando hayas revisado tu medio archivador, relájate, tómate un descanso y dedícate a alguna otra cosa. No tienes que abordar la segunda mitad hasta dentro de una semana.

Menos carpetas con más contenido

Trata siempre de tener un número menor de carpetas grandes de documentos similares en vez de un número grande de carpetas más pequeñas. ¿Por qué? Para empezar, encontrarás mucho más fácil extraer lo que estás buscando si sólo tienes que lidiar con unas pocas carpetas grandes. Encontrarás con facilidad la carpeta necesaria, ya que sólo tienes unas pocas opciones. Te tomará tiempo revisar la carpeta a fin de dar con el documento que buscas, pero tus probabilidades de éxito serán altas, ya que has confinado tu búsqueda a un espacio específico.

A la inversa, si tienes docenas y más docenas de carpetas pequeñas, puede que no extraigas la correcta hasta después de tres o cuatro intentos. Si eres dichoso y sí extraes la carpeta correcta, el tiempo requerido para encontrar la página que buscas dentro de la carpeta no será mucho menor que si la estuvieras buscando en una carpeta más grande.

Algunas personas son propensas a marcar fechas. Cada vez que algo va a parar a tu carpeta, marcas en una esquina la fecha en que ha sido guardado. Si te sientes bien haciéndolo, adelante. Sin embargo, si no lo haces, esto no te acarreará ninguna consecuencia negativa. Por lo general, la importancia de un ítem no se relaciona con la fecha en que lo has archivado, aunque mientras más tiempo esté guardado en tus carpetas sin usarlo, tanto mayor será la probabilidad de que puedas desecharlo tranquilamente.

Lo que archivas y cómo lo haces se determina en gran medida por los encabezamientos de las carpetas, las etiquetas que pones sobre cada carpeta. Resulta bastante fácil poner sobre una carpeta la etiqueta que diga «Suministros de oficina» y en otra «Documentos personales», pero sé creativo a la hora de poner etiquetas para acomodar a tu gusto lo que se te pone entre manos. Es probable que halles que algunas cosas, al parecer, no tienen ningún lugar específico donde ser guardadas. ¿Quién dice que no puedes poner en tus carpetas inscripciones que digan lo siguiente?

- Revisar esto después del comienzo del año.
- Retener hasta después de la junta.
- Verificar dentro de un mes.
- Revisar en la próxima primavera.
- No sé dónde archivarlo.

Al tener una carpeta llamada «No sé dónde archivarlo», creas automáticamente un lugar para un montón de cosas que tu instinto te aconseja conservar pero que no van con ninguna otra cosa que estés haciendo. Ahora, al menos, tienes una gran probabilidad de retomar tales documentos cuando, algún día y sin prisas, tengas tiempo para volver a leerlos con mayor atención.

No te preocupes si la carpeta «No sé dónde archivarlo» crece demasiado rápidamente y se vuelve demasiado grande. Siempre tienes la oportunidad de abrirla con rapidez, revisar su contenido y tomar decisiones respecto a lo que veas: actuar, delegar, volver a archivar o desechar. Cuando revises por tercera o cuarta vez un documento que has vuelto a archivar, elimínalo sin más. Así que ten lista tu papelera.

 36 Crea carpetas-recordatorios rotativas

Resulta en sumo grado beneficioso crear una carpeta «recordatorio rotativo» diaria y mensual. Supón que algo llega a tu escritorio en marzo; parece interesante, pero no tienes que ocuparte de esto hasta el 25 de abril. Si tienes una carpeta para cada mes del año, de enero a diciembre, puedes colocar el documento en la de abril.

Más, puedes crear treinta y una carpetas adicionales marcadas del núm. 1 hasta el núm. 31. Ahora, cuando llega abril, abres la carpeta correspondiente, sacas todo lo que contiene y ubicas los documentos en las respectivas carpetas enumeradas del núm.1 al núm. 31. Pones la carpeta de abril en lo último de la hilera, de modo que ahora lo que tienes de frente es el mes de mayo, precedido por todas las carpetas individuales de los días de este mes.

Estas cuarenta y tres carpetas, del núm. 1 hasta el núm. 31 y de enero hasta diciembre, te permiten situar cualquier cosa en el lugar apropiado cuando no tienes que actuar de inmediato sobre el asunto. Si recibes algo el día 3 del mes, pero no tienes que atenderlo hasta el 18, ponlo en la carpeta de este día, o mejor todavía, como un recordatorio, ponlo en una carpeta de dos o tres días antes del 18.

Cuando estableces carpetas-recordatorios, una gran parte de los papeles de tu escritorio y en tu oficina encontrará de inmediato su lugar, porque vas a determinar una fecha en que vas a revisar esos materiales. Están fuera de tu escritorio, de tus estantes y de tu mente. Y sin embargo, no los has perdido. Simplemente los has ubicado en un lugar donde podrás recuperarlos en un momento en que te convenga más ocuparte de ellos.

Puedes crear una carpeta-recordatorio para escribir cheques y pagar tus cuentas, y entonces guarda los sobres en una carpeta apropiada hasta el momento de enviarlos. Muchas personas que usan carpetas-recordatorios hallan conveniente revisarlas al comienzo de cada semana y quizás un par de veces más durante la semana. Uno de los beneficios de este sistema es que cuando revisas un documento días, semanas o meses después de haberlo puesto en la carpeta-recordatorio, tienes con frecuencia un mayor sentido de objetividad. Si optas por actuar sobre él, delegarlo, guardarlo en otro lugar o desecharlo, esto te resultará más fácil. Afortunadamente, mucho de lo que revises lo desecharás.

Por lo tanto, tendrás menos amontonamiento y una mejor organización, concentración y dirección al abordar las tareas que enfrentas. ¿No es por eso que estás aquí?

Crear carpetas a medida de la necesidad

Una variación sobre el tema de emplear etiquetas y, a la vez, usar carpetas-recordatorios es crear carpetas de antemano, antes de que surja la verdadera necesidad de guardar algo en ellas. Supón que has decidido firmemente que para finales del próximo año deseas trabajar en la oficina londinense de tu compañía. Quizás aún no hayas comunicado tus intenciones a nadie. No obstante, coloca en tu armario-archivo una carpeta cuya etiqueta diga «Londres».

A partir de ahora, cada vez que veas algo sobre Londres, en vez de colocarlo en una carpeta al azar, lo pondrás en un lugar siempre a mano. Es posible que tengas documentos de la oficina londinense que desees archivar, o que haya algo que quieras conservar en relación con el viaje que planificas. Más tarde, tal vez encuentres algo que tenga que ver con alojamiento y que desees guardar como referencia.

Puedes crear de antemano varias carpetas basándote en las prioridades que has identificado y las metas que has establecido en apoyo de estas prioridades. He aquí varias ideas par esta clase de carpetas:

- Pueblos donde descansar.
- Vacaciones en Bali.
- Centros de guarderías infantiles.
- Ordenadores *palm top*.
- Becas.

Crear una carpeta dedicada a algo antes de tenerlo es una reafirmación de las metas que has elegido. Cuando menos, esto contribuye a mantenerte organizado. Si no dispones de una carpeta así, ¿dónde vas a poner todos tus papeles? ¿En lo alto de un montón donde se verá enterrado por todas las otras cosas que vas a ponerle encima? Esta idea no es buena.

¿Y tu disco duro? El valor de las carpetas preventivas no es menor cuando se trata de organizar tu disco duro. Puede que te resulte provechoso crear media docena o más de carpetas apropiadas basándote en aquello a que aspires en tu vida profesional y particular. Cuando creas un archivo vacío en tu disco duro, sobre todo si es accesible desde algún otro archivo al que sueles acceder, tienes un frecuente recordatorio de que posees un lugar para las carpetas de esta nueva área temática a medida que vayan surgiendo.

El sistema de recordatorios funciona bien sobre todo si supervisas un reducido grupo de empleados. Crea una carpeta para cada persona y ponle su nombre. Puedes incluso crear una carpeta para ti mismo en tu disco duro titulada «En progreso» y abrirla al comienzo de cada jornada. ¡Las posibilidades son infinitas! El asunto es crear un espacio donde colocar las carpetas de modo que puedas recuperar con rapidez y facilidad lo que necesites y cuando lo desees.

Trata de crear carpetas-recordatorios de antemano, como medios fáciles para ser eficaz a la hora de manipular papeles. Mantente como una máquina organizadora exacta y precisa. Procura que tus carpetas sean finas pero contundentes. En vez de considerar la creación de carpetas como algo engorroso, míralo como una clave vital para una vida profesional y personal ordenada.

37 Haz una pila alta

A pesar de todos tus esfuerzos, puede que seas uno de los que se ven constantemente frente a síntomas visibles de desorganización, tales como pilas y amontonamiento. Cálmate. La situación no es desesperada. Primero, reúne todo el material que necesites para derribar esas pilas y desmantelar ese amontonamiento, que puede incluir carpetas, bandas de goma, clips para papeles, grapadoras, cajas, etcétera. Las pilas y el amontonamiento no van a desaparecer por arte de magia, como tampoco se han acumulado por arte de magia (¿o sí?)

Tómate 30 minutos, o si esto es demasiado, 15 minutos, para revisar cada documento en el montón y decidir qué es lo mejor que se puede hacer con él.

Recuerda el sistema para organizar cosas que se ofrece en el consejo núm. 34. Al abordar tus cosas y decidir qué hacer con ellas, tienes cuatro opciones:

- Actuar sobre ellas.
- Delegarlas.
- Archivarlas.
- Reciclarlas o desecharlas.

Cuando examines cualquier montón de cosas sobre tu mesa, es probable que, en su mayoría, las puedas reciclar. No necesitas detenerte en eso. Es posible que una parte menor la puedas archivar, y otra aún más pequeña, tal vez delegar. Esto te deja, según espero, con una pequeña cantidad de cosas con que actuar. Con esta actividad organizativa, cuando te detienes a considerar una pila o un montón de cosas acumuladas, tienes mejores oportunidades de deshacerte de lo innecesario y tomar medidas con lo demás (lo cual suele ser una cantidad manejable de cosas).

No inviertas demasiado tiempo en decidir en qué carpeta debe ir cada documento. Simplemente actúa con rapidez y ve al próximo documento. Una vez que hayas completado tus cuatro carpetas, verás sin duda que la de «Reciclar» es la más grande. Sólo podemos esperar que la de «Archivar» sea mucho más pequeña. La de «Delegar a otras personas» ha de ser aún más pequeña, y la carpeta de cosas con las que tienes que actuar va a ser la más pequeña de todas.

Si tienes seis documentos que compiten por tu tiempo y atención, el modo más eficaz de abordarlos es «segarlos» implacablemente uno tras otro. Puedes disponerlos según su importancia y trabajar primero en el número uno, hasta que lo termines, después pasar al número dos, etcétera. Te diré más, ningún otro método de abordar los seis asuntos importantes y urgentes que compiten por tu atención es tan eficaz como el que te acabo de describir.

Revisa los documentos con los que tienes que actuar y disponlos según su importancia. Si un asunto es urgente y a la vez importante, ponlo en lo alto de la pila. Si es importante pero no urgente, colócalo a continuación. Si es simplemente urgente, ubícalo detrás del anterior. Por último, si no es urgente ni importante, recíclalo, archívalo o delégalo. Te vas a asombrar cuando veas cuántos asuntos pertenecen a esta categoría, tales como ofertas de cursos especializados, anuncios de nuevos productos o artículos sobre la teoría de administración.

Si deseas ganar en productividad, comienza por colocar documentos en lo alto de aquella pila, que contiene las cosas que consideras importantes y urgentes. Si pones encima un solo documento, el que consideras el más importante y el más urgente, el segundo en el segundo lugar, el tercero en el tercero, etcétera, ya estás listo para la alta productividad.

Al abordar la «Pila Importante», una vez que estés listo para empezar a trabajar con los asuntos de esta importante pila, anótalos todos en una lista y haz un cálculo aproximado de cuánto tiempo te tomará completar cada uno de ellos. Después, suma todos los tiempos estimados y multiplica este número por 1,5. Esto compensa tu subestimación. Deberías enfrentarte con el hecho de que las cosas suelen tomarnos más tiempo de lo que creemos al principio. No sabemos cuánto tiempo va a tomarnos un proyecto hasta enfrascarnos en él de veras, ¡y es entonces cuando algunas veces surgen otras cosas!

Si la cantidad de horas de trabajo que te toca invertir para acabar con la pila «Importante» crece hasta una cifra astronómica, no explotes un fusible mental. No es que el reto haya cambiado necesariamente; es que tienes una mejor información acerca de él. Dispón tus recursos de acuerdo con esta necesidad. Mirando de un modo realista, ¿qué vas a necesitar para cumplir todo lo que has dispuesto ante ti como urgente, importante, etcétera? Es posible que tengas necesidad adicional de ayuda por parte de empleados, o un mayor presupuesto. Es posible que, a corto plazo, tengas que trabajar más horas.

Cuando abordas el asunto más importante y urgente, a veces simplemente no puedes llevar la tarea a término de una vez. Es posible que requieras ayuda de otros, o que alguien más apruebe determinados pasos. Llévalo hasta donde puedas, y luego consulta con otros. Comoquiera que sea, en el ínterin, comienza con el proyecto siguiente. De modo similar, llévalo hasta donde puedas, si puedes, hasta su término.

A cada rato, por metódico que seas al abordar las cosas y por organizado que esté tu escritorio o tu oficina, nueva tarea competirán por tu tiempo y atención y conspirarán para trastornar tu reino de orden perfecto. Esto suele ocurrir, si no todas las horas, prácticamente a diario.

A medida que pase el tiempo, hallarás que necesitas tomarte un descanso de las importantes tareas que has ordenado con tanto cuidado. Esto también nos sucede a todos. Apenas logras dirigir la atención y esforzarte en serio en los más importantes proyectos cuando tu mente empieza a divagar. Necesitas un descanso mental. Cuando esto suceda, aborda los asuntos menos significativos, que no requieren tanto esfuerzo mental. Cuando te sientas dispuesto, retorna a los documentos más importantes, situados siempre en lo alto de la pila.

Trata siempre de mantener tus pilas lo más pequeñas posible. Procura reducir el peso y el volumen de cada pila conservando tan sólo la información pertinente y nada más. Por ejemplo, en vez de conservar un informe de diez páginas, guarda tan sólo una página, la que de veras necesites.

Llevando esta práctica más adelante, si sólo necesitas un párrafo, un número de teléfono, una dirección o un sitio web, entonces recorta esta porción específica y recicla el resto de la página. Agrega este pequeño fragmento a la hoja que contiene otros trocitos de informaciones importantes. Entonces, haz una fotocopia del conjunto. Ahora tienes una página informativa que te será de gran ayuda en tu trabajo pero no ocupará mucho espacio físico ni psicológico.

A veces vale la pena dejar que las pilas o amontonamientos crezcan. Cuando recibes una gran cantidad de documentos similares, se puede dejar que la pila crezca por un tiempo. Tal vez todo lo relacionado con la producción de tu competidor se esté acumulando en una mesa de esquina de tu despacho. La pila es temporal y pronto vas a vértelas con ella.

Cuando llegue este gran momento, sumérgete en la pila como una sierra eléctrica. Descarta de inmediato la información que viene por duplicado. Combina documentos similares, y entonces analiza cuál puede reciclarse. Reduce de modo que obtengas una carpeta lo más fina y lo más eficaz posible. Cuando la pila esté lo suficientemente fina, vuelve a repasarla. ¿Hay algo más que se pueda desechar?

 ## 38 Reduce y vence

Puedes planificar tu día con la pericia y precisión de un cirujano. A pesar de todas las técnicas de que hemos hablado hasta ahora, correos postales y electrónicos, sitios web o llamadas telefónicas harán su irrupción en algún momento de tu día. Te verás acosado por materiales por leer, aprender o actuar sobre ellos de alguna otra manera, y que por lo tanto te sacarán fuera de tu programa. Cada nueva intrusión puede consumir unos pocos minutos o varias horas. Incluso cantidades pequeñas de información adicional, sumadas a todo con lo que ya estás haciendo equilibrios, pueden causar sentimientos de frustración y ansiedad.

¿Cómo se puede reducirlas un poco y a tiempo sin romper el ritmo? Cuando has terminado un proyecto grande en el trabajo y no estás por el momento con el estado de ánimo como para ocuparte de otro trabajo intelectual, aun mayor, dedícate a reducir tus almacenamientos temporales como una forma de transición. Por ejemplo, si has terminado recientemente un informe voluminoso:

- ¿puedes actualizar algunas notas y formularios?
- ¿hay aquí algunos memorandos o documentos para enviarlos como resultado del informe terminado?
- ¿puedes deshacerte de borradores y notas que ya carecen de utilidad (notas que nunca más vas a utilizar)?

Tienes que estar alerta para disminuir por todos los medios tus acumulaciones. *Kaizen*, que significa mejoramiento continuo, es una parte esencial de la filosofía japonesa referente a cómo hay que enfocar el trabajo. Un practicante avezado de *kaizen* procura modos de introducir mejoras que ofrezcan resultados más inmediatos y espectaculares. Los veteranos saben que tales resultados a su vez te hacen buscar otros, nuevos modos de mejorar. El arte de procurar un continuo mejoramiento es retador y, en muchos casos, divertido.

Si tus planes corren riesgo de fracasar porque las aguas se desbordan y la corriente se ha llevado el puente, o el avión se ha visto atrasado por una hora y diez minutos, ¿de qué modo puedes dedicarte a un continuo mejoramiento? ¡Puedes siempre reducir! A pesar de la accesibilidad de toda clase de artilugios electrónicos que nos rodean, conozco a ejecutivos de gran importancia que no tienen ninguno. «¡He dicho que no quiero ninguno!» Me han dicho que su asiento en el avión se cuenta entre los pocos santuarios que poseen. Es allí donde abren su portafolio y lo revisan de cabo a rabo, juntan, eliminan, actualizan listas, se deshacen de lo que ya no necesitan y, en el aire, vuelven a poner orden en su pequeña oficina portátil.

Esto es válido también si viajas en tren o en autobus. Invierte pequeños momentos del día en reducir. En vez de acumular pesados ejemplares de *Forbes*, *BusinessWeek* o *The Wall Street Journal*, extrae tan sólo los artículos que te parecen relevantes.

La mera reducción del volumen el papel con que te tienes que enfrentar de manera invariable no es la respuesta comprehensiva a tu reto organizativo. Sin embargo, después de tratar sobre este tema durante veinte años como autor, conferenciante profesional y consultante administrativo, me he convencido plenamente de que la reducción del volumen de papel representa un gran impulso en cualquier intento por volverse organizado. Una carpeta más delgada es más fácil de manejar. Si tienes ante ti unas pocas notas, esto significa que tienes que contemplar sólo unas pocas notas. Tener menos materiales de investigación pero de mayor importancia implica un tiempo menor de lectura, asimilación y aplicación de lo que has reunido. Cualquiera que sea el modo de recortarlos, cuando los hayas reducido, incrementarás la probabilidad de éxito en tu labor organizativa.

Sigue reduciendo tus carpetas

El tiempo y el esfuerzo que inviertas en eliminar lo que ya no necesites se beneficiarán de muchas maneras. Para empezar, en el sentido físico, vas a tener espacio tanto en el escritorio y el armario-archivo como e<n el disco duro para dar cabida a nueva información, la cual, como ya sabemos, está al llegar. Al desechar lo que no necesitas te proporcionas la oportunidad de revisar aquello que has archivado y optado por conservar:

- Contactos guardados en tu base de datos pueden haber abandonado el área, tal vez fallecieron, o puede que sepas que ya nunca más los volverás a llamar. Elimínalos sin remordimientos de tu base de datos.

- De modo similar, puedes desechar con facilidad todo pedazo de papel de tus carpetas relacionado con temas que ya no tienen importancia, urgencia o interés. Conserva otros en una papelera, de que ya hablamos anteriormente, o en un lugar donde guardas cosas que por el momento no tienes necesidad de ver o atender.
- En el disco duro, elimina los documentos que en otro momento fueron capaces de captar tu atención pero que ahora, meses o quizás años más tarde, ya han perdido su interés.
- Examina tu oficina. ¿Hay aquí regalos y recuerdos que has recibido y que no significan gran cosa para ti, o que ocupan más espacio de lo que merecen? ¿Hay aquí libros, informes, documentos y otros objetos cuyo valor te es aún desconocido? El gráfico que se ofrece a continuación ayuda a echar una rápida mirada a lo que hay que conservar versus lo que hay que desechar.

ITEM	Deséchalo o recíclalo si...	Consérvalo si...
Tarjetas de presentación, notas	Tienes muchas tarjetas y nunca llamas a nadie, o no puedes recordar a la persona o los bienes y servicios que provee.	Ya tienes un tarjetero, puedes escanearlo, sabes que lo usarás o piensas que lo harás.
Papeles, carpetas y documentos	Es viejo, obsoleto, o no ofrece información. Se ha transferido al disco.	Tu deber es conservarlo, te remites a él con frecuencia, tiene valor futuro o te hace sentir bien.

ITEM	Deséchalo o recíclalo si...	Consérvalo si...
Informes, revistas	Es viejo, se acumula, piensas que lo necesitas o temes examinarlo.	Es vital para tu carrera o bienestar, optas por conservarlo, o tendrás que examinarlo.
Libros, guías, directorios	Has copiado, escaneado, o tomado notas de las páginas principales. Es obsoleto o tiene una versión actualizada.	Es parte de una colección, te remites a esto mensualmente. Tiene valor sentimental o lo deseas.
CD, DVD, vídeo, casetes	Nunca los reproduces, y si lo haces, no te evocan ningún sentimiento o recuerdo. Funciona con deficiencia.	Lo reproduces, te gusta, no podrías soportar deshacerte de él. Es un recuerdo.
Equipo anticuado de oficina	Sabes a quién le gustaría recibirlo como donación. Puedes venderlo. Acumula polvo, o estorba.	Sirve para un propósito específico. Es parte de la decoración. Se puede reparar o revitalizar.
Objetos de recuerdo	Ha perdido su significado. Tienes muchos ítems similares. No tienes espacio y has cambiado.	Sigue evocando intensos recuerdos. Lo utilizarás algún día, o tiene buen aspecto.
Regalos, tarjetas, presentes	Nunca se usan. No se desean y quien te lo dio no sabrá ni le interesará que lo has desechado.	Se usa con frecuencia, te agrada tenerlo, o lo conservas por alguna razón especial.

39 ↗ Reduce la «correspondencia-basura»

Los libros sobre la administración del tiempo suelen debatir con qué frecuencia hay que manejar una hoja de papel. En mi opinión, esto depende siempre de lo que el papel dice. Cuando haces una compra por correo, tu nombre circula entre docenas de casas que envían catálogos. Sin embargo, algunas compañías envían, una y otra vez, enormes cantidades de correspondencia basura que te roba tiempo y crea abarrotamiento en tu vida. Así pues, ¿qué te parece si te doy algunas ideas de cómo hacer que esas compañías dejen de atormentarte?

Por más que trates de mantenerte alejado de las listas de correos y manejar tu correspondencia con rapidez, recibes a cada rato algún envío que procede de un remitente reiterativo o molesto en sumo grado. Esos remitentes molestos en sumo grado suelen ser organizaciones convencidas de que su deber dado por el propio Dios consiste en abrumarte continuamente con catálogos, folletos y correspondencias basura. Tales remitentes merecen atención especial. Si tu nombre entra en su sistema de listas de correos, lo más probable es que no te dejen en paz. Por lo tanto, debes utilizar un remedio fuerte con aquellos que se vuelven obstáculos para tu deseo de reducir amontonamiento, simplificar tu vida y mantenerte en control:

- Cuando te veas asediado por correspondencia de tercera clase procedente de remitentes reiterativos o molestos en sumo grado, y cuando tales remitentes molestos incluyen en su envío un sobre con su propia dirección para que les respondas, utiliza el sobre para pedirles que quiten tu nombre de sus listas. Asimismo, revisa sus publicaciones o su sitio web para ver si contiene un número 800 que puedas utilizar para hacer tal solicitud gratis.

- Para aquellos que hacen caso omiso de tu solicitud, redacta una queja a organizaciones de consumidores del grupo respectivo. Después de todo, en la era en que cada trozo de papel aumenta la contaminación ambiental, tu deber cívico y también una técnica eficaz para conquistar espacio y poder respirar, es reducir la cantidad de correspondencia basura que recibes. El servicio de consumidores expresa que con una sola carta puedes eliminar un 40 por 100 de tu correspondencia basura. Escribe al Servicio de Consumidores y explícales que deseas que eliminen tu nombre de sus listas directas de correos. El envío de esta carta reducirá de manera eficaz en un 40 por 100 tu correspondencia basura para tres a seis meses. Después, vuelve a enviarles la misma carta. He aquí varios consejos útiles para averiguar cómo dejar de recibir la correspondencia basura.

- Para averiguar quién vende tu nombre, cuando haces una orden de compra o una donación por correo agrega un código al final de tu dirección, como «1A» o «2D». Más tarde, si recibes un correo con tu dirección que incluye este código, sabrás quién vendió tu nombre y a quién.

- Cuando hagas una orden de compra por correo, puedes incluir o mencionar una leyenda preimpresa que diga: «No deseo que mi nombre aparezca en ninguna lista postal y prohibo su uso, venta, préstamo o transferencia».

- A veces la manera más rápida de lidiar con transgresores reiterativos es escribir las palabras «respuesta rápida» directamente sobre la comunicación que acabas de recibir. Debajo de estas dos palabras escribe este mensaje: «Por favor, elimine mi nombre de sus listas de correos ahora mismo y para siempre». Firma con tu nombre, pon la fecha y envía de vuelta el mismo documento o comunicación que has recibido. Asegúrate de dirigirlo a la persona que es responsable de la lista de correos de la organización transgresora.

- Puedes combatir la correspondencia basura guardándola por semanas. Después contrata a un alumno de escuela secundaria a sueldo mínimo para que envíe una carta-modelo a cada remitente que te ha enviado correos más de una vez explicándoles con claridad que no tienes interés en su oferta.

- Algunos vendedores piden tu nombre y dirección incluso si les pagas al contado. De una manera respetuosa, niégate a dárselos. Si deseas ser ladino, puedes darles un nombre y dirección falsos.

- Siempre y en todas partes, informa a quienes hacen negocio contigo que no deseas que tu nombre se incluya en listas de correos ni ser inundado de catálogos, prospectos, folletos y trípticos. Esto es necesario cuando haces una orden de compra por fax, haces una compra por tarjeta de crédito, cuando llenas un formulario para subscribirte a una revista o procuras algún otro tipo de bienes o servicios.

Lee con detenimiento

Sin lugar a dudas, la lectura se ha vuelto tu mayor problema. La cantidad de lectura que tienes que abarcar para estar informado, para adelantar tu carrera o para divertirte puede ser pasmosa. Si la juntas, las montañas serán sobrecogedoras. Es posible que inviertas en la lectura de 10 a 20 horas semanales.

¿Cómo alguien puede mantenerse organizado hoy en día en nuestra sociedad abrumada por la información? Por suerte, existen muchas técnicas que puedes emplear para leer con mayor rapidez, para organizar lo que tienes que conservar y aun así sentir que tienes vida.

Mientras más tranquilo es el lugar que eliges para la lectura, tanto más rápida y fácilmente te abrirás paso en el montón de cosas por leer. Sin embargo, si estás algo familiarizado con aquello que estás leyendo, podrás hacerlo incluso en un lugar un poco bullicioso. Búscate un refugio tranquilo cada vez que estés leyendo sobre cuestiones muy técnicas, sobre temas con que estás poco familiarizado, fragmentos muy filosóficos o algo sobre lo que tienes que hacer una pausa y reflexionar antes de proceder. Realizar esta clase de lectura en un ambiente que te distrae resulta demasiado difícil.

Es probable que ya conozcas el valor de la lectura temprano en la mañana, antes de que otros entren en tu oficina, o incluso más temprano, antes de salir de la casa. Lo mismo es válido para el anochecer, cuando todos ya se han ido de la oficina, o en casa, cuando todos los demás ya se han acostado. Entonces puedes leer más rápida y detenidamente.

Utiliza estas técnicas para mejorar la comprensión de lo que lees:

- Hojear superficialmente. Mirar el primer par de oraciones de cada párrafo dentro de un artículo o capítulo de un libro se llama «hojear superficialmente». De este modo puedes averiguar con rapidez si necesitas leer el artículo o el capítulo más a fondo. Hojear superficialmente el primer par de oraciones es con frecuencia todo cuanto necesitas para captar la esencia de la información que has recibido.

- Explorar. Si te enfrentas a un gran volumen de lectura, como un libro grueso o un informe grande, con frecuencia no resulta práctico tratar de utilizar el método de «hojear superficialmente». Con la exploración, averiguas con rapidez sobre el documento lo suficiente para determinar si merece una mayor atención. La exploración comprende la lectura de cualquier lista, gráfico o ilustración que el libro pueda contener, sus índices de contenido y temático, los nombres de algunos capítulos, el prólogo y los sumarios.

Con frecuencia, puedes identificar un puñado de pasajes pertinentes o páginas que merecen ser fotocopiadas y luego reciclar el resto del libro o informe. Si te preocupa la legalidad del acto de fotocopiar, puedes estar seguro de que si lo estás haciendo para el uso limitado personal no estás violando ninguna ley de derechos de autor.

- Evaluar la fuente. Las mejores fuentes suelen suministrar la mejor información. En vez de abrirte paso entre docenas de revistas especializadas, toma dos o tres de las mejores y extrae artículos de importancia. Así reducirás el volumen general de lo que tienes que leer y, a la vez, te asegurarás de sólo enfrentarte a lo mejor y lo último de tu industria o profesión.
- Junta tus materiales. Si usas bloques de papel, clips, rotuladores, marcadores de colores, tijeras, etcétera. para que te ayuden durante la lectura, tenlos a mano. Cuando puedes extraer o subrayar la información que deseas conservar, el peso total de la lectura disminuye en gran medida. Entonces puedes mantener una carpeta delgada, precisa y contundente que contenga la información con la que realmente trabajes o quizás desees conservar.

- Reduce la cantidad de libros que caen en tus manos. ¿Lamentas la falta de oportunidad de abordar la lectura de algunos de los últimos libros grandes que llegan a tus manos? Sin lugar a dudas, habrá más libros grandes que los que desees leer. He aquí un método organizado para abordarlos de un modo en sumo grado productivo:

1. Primero lee con lujo de detalles la contraportada. Verás lo que otros han dicho sobre el libro. Esto puede impulsarte a hacer un esfuerzo mayor cuando empieces a hojearlo o a abandonarlo, ¡lo cual te ahorrará un montón de tiempo!
2. Lee las solapas interiores del libro. Por lo general, este material lo escribe el autor. Es lo que el autor desea que sepas sobre él (o ella) y sobre el libro.
3. Lee el prólogo para tener una idea mejor sobre lo que el libro enseña o explica o comparte contigo.
4. Lee el índice. Algunos capítulos pueden ser merecedores de que se los lea de inmediato. Puede haber otros capítulos que se pueden saltar sin más.
5. Lee la introducción, que por lo general está escrita por el autor. Esto también proporciona al lector una mejor idea cómo se formó el libro y de por qué el autor lo ha escrito.
6. Procede con los capítulos que has considerado merecedores de alguna atención y lee los dos primeros párrafos para determinar si deseas leer el resto del capítulo. Para los capítulos que no deseas seguir leyendo, los dos primeros párrafos al menos te darán alguna idea razonable de lo que tratan.
7. Ve a la última página de cada capítulo y lee el último párrafo o algún sumario o relación de cosas que se quieren resaltar que puede contener. Pueden ser de enorme valor y, en algunos casos, pueden sustituir la lectura de todo el capítulo.

8. Revisa todo tipo de listas de fuentes, referencias, gráficos o ilustraciones que te llamen atención mientras hojees el libro. Bien pueden merecer la atención que les dediques.

Por último, en el capítulo final, lee las dos últimas páginas. Con frecuencia, es allí donde se presentan las principales conclusiones y observaciones del autor, y esto te ahorrará al menos la lectura del último capítulo, o posiblemente de la última parte del libro, si no del libro entero. Siempre fotocopia el puñado de páginas clave que tengan valor para ti.

Cada vez que encuentres una reseña de un libro, una sinopsis, una crítica, o cualquier otra cosa que pueda proporcionarte la esencia de lo que dice el libro, habrás ganado tiempo. Muchas bibliotecas guardan libros y conferencias en grabaciones y, en la mayoría de los casos, éstas representan versiones abreviadas de un volumen más grande. Puedes con facilidad escuchar un casete mientras conduces el coche (es una actividad diferente por completo de hablar por teléfono móvil). Es una manera fácil de obtener información, evitar el cansancio de la vista y, además, llegar a tiempo.

Cuando sospechas que una subscripción periódica merece el dinero pero no tu tiempo, deja sin leer el último número. Si no sientes su falta, entonces puedes pasarte sin ella. Si la echas de menos, la publicación te recibirá de nuevo con los brazos abiertos, con frecuencia a un precio reducido. Tal vez puedas obtener la misma información *on line*, o visitar periódicamente la biblioteca y revisar con rapidez tres o cuatro números de la misma publicación.

ORGANIZA VIAJES, REUNIONES Y ACTIVIDADES *ON LINE*

41 Organiza tu correo electrónico

Envías y recibes correos electrónicos durante todo el día, y ¿por qué no? El correo electrónico es rápido; se transmite casi instantáneamente al pulsar la tecla de «enviar». No hace falta papel, ni cartuchos de tóner, ni sellos, ni sobres. No hay que ir al buzón, ni preocuparse por si has puesto la dirección correcta, ni nada por el estilo. El correo electrónico simplemente funciona, y es por eso que recibes tantos todos los días. ¡Es tan cómodo! ¡Puedes enviar lo que quieras a quien quieras!

La enorme cantidad de envíos *spam* (correo no deseado) ha aumentado de manera espectacular, a pesar de los filtros de *software* y el Internet Service Provider (ISP) que combate a los transgresores. Utilizando servidores inseguros, de terceros, un transgresor puede alcanzar a casi cualquier dirección de correo electrónico en la red a costo casi nulo, ya que el ISP paga por la transmisión. Algunos envían mensajes sucios e indecentes con tremenda despreocupación, porque saben que si sólo una mínima parte de sus destinatarios responden, la empresa puede ser rentable.

Si recibes correo no deseado de modo constante junto con los correos regulares, pasar un tiempo sin tocar tu ordenador permite que un montón de correos vayan a parar a tu bandeja de entrada, y esto significa que al regresar tendrás que responder a una cascada de mensajes. Si te tomas un descanso de al menos dos días, cuando regreses verás que el número de mensajes habrá superado dos o tres veces la cantidad normal, debido a lo que llamo «ley de acumulación de correos electrónicos», la cual expresa que la cantidad de correos electrónicos que se reciben aumenta exponencialmente con el número días que te has ausentado de tu ordenador.

Mi consejo es aplicar el método de triage a todos los mensajes electrónicos todo el tiempo. Triage es el método que permite revisar con rapidez una diversidad de asuntos y disponerlos basándose en lo que ha de atenderse de inmediato, lo que se puede dejar para más tarde y lo que se puede pasar por alto. Ante todo, debes eliminar lo inútil; esto incluye todas las formas de correo indeseado.

Cuando elimines la obvia basura, determina qué correos puedes colocar en un archivo, en la bandeja de entrada o en una carpeta. Algunos mensajes son perfectamente merecedores de que los guardes, pero no son urgentes. Otros son de amigos y seres queridos y puedes leerlos en tu tiempo de ocio. Algunos especificarán que no es necesario responder de inmediato.

Esta última categoría se compone de los mensajes electrónicos que requieren una acción inmediata. El número de mensajes que caen en esta categoría debe ser pequeño. Estos correos no son necesariamente urgentes, simplemente pueden incitar a la acción. Si eres capaz de responder a tal exigencia con rapidez y sin esfuerzo, ¿para qué gastar tu tiempo en guardarlo? Si el mensaje está ante ti, todo cuanto tienes que hacer es pulsar la tecla de «responder», escribir unas cuantas palabras y enviarlas.

En cuanto a los correos electrónicos que exijan tu atención detenida, seria y rápida, manéjalos lo mejor que puedas para liberar tu mente de ellos.

42 Organiza investigaciones *on line*

Según los directorios de Google.com, existen más de tres mil millones de páginas web. Hoy en día, nuevos programas, fáciles de usar, se hacen accesibles en cualquier momento. Internet se va convirtiendo en la forma de entretenimiento, comunicación, y la fuente de información dominante en la sociedad. Al mismo tiempo, puede convertirse en el mayor sumidero de tiempo.

Tras cada problema relacionado con el uso de Internet utiliza *software* de solicitud y sitios de servicios orientados a los servicios que constituyen un antídoto. Hoy en día, cualquier programa específico se puede reemplazar con rapidez, así que concentrémonos en categorías amplias:

- *Bots*: Puedes bajar de los sitios web uno de esos pequeños *buggers*, tales como www.botspots.com, que estará revisando Internet durante todo el día, buscando para ti los mejores precios posibles y las mejores oportunidades para los productos y servicios que estás buscando. El *bot* más popular es el que se utiliza para las compras, ¡pero también se pueden usar para reunir información sobre la salud, los viajes, etcétera!
- Mega motores de búsqueda: Te permiten teclear una contraseña o frase clave y comenzar de inmediato una investigación inteligente de los principales motores de búsqueda. Por ejemplo, Google.com ofrece listas de los sitios web relacionados con tu investigación, clasificados según el número de vínculos con cada sitio, en vez de proporcionarte listas de acuerdo con las palabras que los poseedores de los sitios usan para describir su propio sitio web.

- Electronic clipping services: Los servicios *clipping*, que incluyen www.luceonline.com y www.cyberclipping.com, te ofrecen servicios de búsqueda de temas altamente personalizados a cambio de honorarios. En un solo día, tales sitios pueden generar casi todo cuanto aparece en la web entera acerca de una compañía o un asunto dado.

Una tarde que inviertas en la utilización de un puñado de los más populares motores de búsqueda puede ser lo que necesites para crearte un expediente para la información y recursos de alta calidad que puedan acelerar en gran medida tu progreso. Si no tienes un ordenador en tu hogar, o si no estás conectado con Internet, no te desesperes. En la actualidad, la mayoría de las bibliotecas proporcionan al público acceso a Internet. Si nunca te has conectado con Internet, el bibliotecario de consulta puede iniciarte en unos minutos.

Incluso si no estás familiarizado con un motor de búsqueda, para convertirte en experto en el trabajo con uno de ellos tendrás que invertir menos de cinco minutos de tu tiempo. Un ordenador conectado a Internet es la puerta a un mundo de nuevas ideas. Existe una variedad de fuentes de alta calidad que están a disposición de tus dedos y que pueden ayudarte a realizar los cambios necesarios para volverte organizado.

No obstante, debes protegerte e instituir sistemas de seguridad. Para muchas personas, un ordenador es un equipo caro. ¿Qué sucede si el ordenador funciona mal? ¿Estás capacitado para trabajar sin él? ¿Tienes dinero suficiente para reemplazar el ordenador en caso de un accidente?

Los sistemas de seguridad totales incluyen todas las carpetas y todos los directorios en una torre dada. Los sistemas de seguridad selectivos no son más que esto, selectivos, e incluyen tan sólo las carpetas y los directorios que tienen nombres o que se resaltan. Los sistemas de seguridad modificados incluyen solamente aquellas carpetas que han sufrido cualquier tipo de cambios desde el momento en que se llevó a cabo el último servicio de protección.

Si tomas unas pocas medidas de precaución, los ordenadores no requieren demasiadas medidas de mantenimiento. Por ejemplo, trabajar en un ambiente limpio, libre de productos de alimentación, es una buena medida para evitar una cuantiosa cuenta por algo que se hubiera podido prevenir al eliminar migajas de tu teclado. Trata tus discos con delicadeza. No los dejes expuestos a la luz solar ni al calor. Los discos son frágiles, y si por casualidad dejas uno en tu coche, el calor veraniego puede destruir toda la información que contiene. Evita imanes, ya que poseen la fastidiosa costumbre de sacar las carpetas de los discos y arrojarlas al abismo. De modo adicional, puede que desees implantar medidas de seguridad y contraseñas que impidan que individuos no autorizados tengan acceso a tu información.

Así y todo, uno nunca sabe cuándo algún desastre humano o natural puede destruir tu ordenador o la información que contiene. Para no perder el caudal de información que contiene tu disco duro, crea con frecuencia sistemas de seguridad para protegerla. Inicia una rutina bien desarrollada de seguridad para guardar y almacenar tus carpetas de valor. Si no estás seguro de cómo instalar un sistema de seguridad en el sistema de tu ordenador, contacta la compañía productora de tu *software* o al fabricante de tu ordenador.

Conserva discos o cintas de seguridad en un armario a prueba de fuego o en cualquier otro lugar donde estén seguros. Además, para una mayor protección de tu ordenador, compra un buen protector contra sobrevoltaje. No todos los protectores contra sobrevoltaje están hechos de la misma manera, así que averigua antes de comprar y compara siempre los precios. Mientras más valiosa es la información que se guarda en tu disco duro y mientras más vital es el acceso a Internet para tu recopilación de información y comunicación, tanto más importante es salvaguardar este valioso recurso.

43 Crea reuniones más organizadas, ¡realmente!

Ahora, hablemos de las comunicaciones frente a frente. ¿Consideras las reuniones como un modo sumamente improductivo de invertir el tiempo? Algunos tienen tanta aversión hacia las reuniones que se sienten estresados y ansiosos en cuanto se enteran de que tienen que asistir a una, y ni se diga si la tienen que dirigir. A pesar del hecho de que a muchos gerentes les desagrada convocar reuniones, y de que a sus empleados les horroriza tener que asistir a ellas, los estudios demuestran que en la actualidad las personas invierten más tiempo que antes en reuniones dedicadas a los más diversos temas.

El doctor Henry Kissinger, ex secretario de Estado, opinaba que no había necesidad de convocar una reunión a no ser que los resultados deseados se conocieran de antemano. Una reunión típica se organiza por una persona que desea transmitir información a muchas otras. De manera ideal, los presentes reflexionarán sobre lo que han escuchado, generarán ideas y emprenderán acciones valientes y decisivas para el deleite del que preside la reunión.

La gente entra arrastrando los pies en el salón de reuniones y escuchan, aburridos, qué cosas nuevas tienen que hacer, aprender o delegar a otros. También hacen garabatos, toman café y logran quedarse dormidos. Mucho de lo que oyen se les olvida enseguida. Cualquier cosa que se supone que tienen que hacer, pocas veces se hace a tiempo o de la manera que esperaba el que convocó la reunión. Debe existir una manera mejor, y existe.

Una manera mucho más eficaz y organizada de dirigir una reunión es provocar la participación de los que van a estar presentes mucho antes de que la reunión se estanque. Sí, lo has leído correctamente. Apenas te tomará de dos a cuatro minutos por asistente:

- Hablar con las personas que van a estar presentes en la reunión.
- Prepararlas para lo que se va a discutir durante la reunión.
- Escuchar sus puntos de vista sobre los efectos de la reunión respecto a ellos.
- Tratarlos como iguales y no como subordinados.

Si tu grupo se reúne continuamente, plantea de antemano a los participantes preguntas como éstas:

- ¿Qué métodos te han resultado provechosos en las reuniones anteriores?
- ¿Cómo podemos proceder para involucrar a todos?
- ¿Qué te gustaría obtener de esta reunión?

Esto te puede parecer un trabajo extra. Considera, sin embargo, que el objetivo de las reuniones no consiste en juntar simplemente a un montón de personas en un mismo lugar; se supone que han de cumplir algún objetivo merecedor. Si discutir de antemano los objetivos de la reunión con sus participantes acelera en gran medida el progreso, ¿por qué no hacerlo? Es probable que la reunión dure menos tiempo, lo cual dará por resultado una mayor participación y, de manera ideal, un mayor avance hacia el objetivo deseado. Además, los participantes suelen mostrar gran entusiasmo por este proceso. Les hace sentirse importantes y ver que su aportación vale. Pueden afrontar la reunión con una nueva perspectiva ya que saben que «ésta va a ser diferente».

Algunos gerentes se horrorizan al pensar en sostener entrevistas previas con los participantes. «¡Caramba, hablar con cada persona por separado, es abrumador!» Sin embargo, el proceso no es agotador si se lleva a cabo de una manera organizada. Las entrevistas previas con los participantes te ayudan a ver la manera exacta de proceder:

1. Trazar un programa que se concentra en temas identificados como importantes para todo el grupo.
2. Disponer los temas en un orden conveniente para alcanzar los objetivos de todo el grupo.
3. Hacer circular el programa de antemano para que los participantes vengan armados con ideas de cómo y cuándo pueden contribuir de la mejor manera.

Como resultado, la reunión se mantendrá en su curso más fácilmente, terminará a tiempo y animará a los participantes a acudir con mayor entusiasmo a la próxima reunión. Y te verán como un gerente organizado y competente. Como podrás ver en cada una de las reuniones ulteriores, cuando los participantes tienen interés en el contenido de la reunión, suelen llegar a tiempo. Cuando reciben de antemano un programa que especifica el tiempo en que la reunión ha de comenzar, tienen un indicador más de la importancia de estar presentes.

A ti, como el gerente que preside la reunión, te corresponde comenzarla a tiempo para que los rezagados se den cuenta de que llegan tarde y que los demás han llegado puntualmente. ¡Los gerentes organizados comienzan las reuniones a tiempo!

Robert Levasseur, en su libro *Breakthrough Business Meetings*, sugiere que al comienzo de la reunión «los participantes lleguen a un acuerdo común sobre lo que van a hacer y cómo van a hacerlo». Por lo tanto, todos deben estar presentes desde el comienzo. Levasseur dice que esto suele consumir un 10 por 100 del tiempo de la reunión, así que si vas a tener una reunión de 30 minutos, sólo necesitas unos 3 minutos para abordar algunos asuntos básicos, tales como:

- El objetivo principal de la reunión.
- Los resultados que desean los participantes.
- La propia agenda.
- Los roles claves de la reunión, lo cual resulta innecesario para grupos pequeños.

Por más que aclares que el comienzo estrictamente a tiempo ha de ser la norma, así y todo algunos individuos seguirán llegando tarde a las reuniones. Existen varias técnicas que ayudan a lograr diversos grados de eficacia en cuanto a promover la puntualidad:

- En algunas organizaciones, las personas que llegan tarde tienen que pedir disculpas al grupo. Después se ven obligados, como responsabilidad suya, a enterarse por los miembros del grupo de aquello que se han perdido de la reunión. No te repitas nunca para hacer un favor a los que llegan tarde. Esto sólo retrasará a los demás y los hará esperar mientras los culpables reciban una explicación personalizada.

- En algunas organizaciones, las puertas del salón de reuniones se cierran con llave (¡adrede!) para que todo el que llegue tarde se vea obligado a tocar. En relación con tus buenos sentimientos, puedes abrir o no al primer toque. Entonces, los retrasados, llenos de vergüenza, ocuparán sus asientos.

- En algunas organizaciones, las mejores asignaciones se hacen en los primeros minutos, así que los retrasados se quedan con las tareas menos deseables. Es un gran incentivo para llegar temprano. En ciertas organizaciones, y esto no es de mi preferencia, quienes llegan tarde son objeto de discusión al comienzo. En otras palabras, son objeto de chismes, maledicencia y burlas.

En mi primer empleo, si uno llegaba tarde a una reunión, tenía que donar un dólar al fondo común por cada minuto de retraso. Con toda seguridad, nadie tardaba más de cinco minutos. (¡No tengo la menor idea de en qué se empleaba luego el dinero!)

Puedes darte cuenta enseguida de que ninguna de estas técnicas es tan eficaz como la de entrevistarte de antemano con los participantes, hacer circular una agenda y, de manera reiterativa, demostrar que las reuniones comienzan a la hora programada.

44 Mantén reuniones eficaces, ¡siempre!

Cuando los participantes saben de antemano que a un asunto particular se le van a dedicar cinco minutos, la mayoría ponen de su parte por respetar este marco. Es por eso que una agenda fuerte y organizada de la mejor manera posible y con marcos de tiempo estimados para cada asunto es la mejor fórmula para mantener las reuniones en sus carriles.

Sigues tu agenda, suscitando el aporte de los demás a medida que sea necesario. Al discutirse cada tema de la agenda, pide a los participantes que tengan en mente las siguientes cuestiones: ¿De qué tema específico se está tratando? ¿Qué desea realizar el grupo en relación con el asunto? ¿Qué acción se debe emprender para abordarlo?

Cuando se identifique la acción necesaria, las cuestiones clave son: ¿Quién va a actuar? ¿Qué recursos necesita esta persona? ¿Cuándo se va a resolver el asunto? ¿Cuándo analizará el grupo los resultados? Entonces, una vez resueltas estas cuestiones, el grupo pasa al próximo tema.

No todos los temas requieren que se proceda con cada una de estas cuestiones. A veces un tema de la agenda tan sólo es un anuncio o un informe al grupo que no requiere ninguna retroalimentación o discusión. A veces el tema del que se está tratando representa una información ejecutiva porque el asunto ya está resuelto. En ocasiones, surgen discusiones innecesarias, y un asunto ocupa el doble de tiempo del programado originalmente. Con frecuencia, sin embargo, los participantes se extienden en demasía sobre un tema para luego apenas referirse a otros de modo muy escueto.

Cuando te diriges a un grupo a cuyos miembros has entrevistado de antemano y entre quienes has hecho circular una agenda con anticipación, hay varias técnicas que puedes emplear para mantener la reunión organizada y en marcha. Cada técnica variará en su eficacia, en relación con el propósito de tu grupo, de la frecuencia con que se reúne y de su historia. Considera algunas de las siguientes sugerencias para tus reuniones:

- Exige a los participantes que mantengan sus intervenciones dentro de los marcos de tiempo previstos. Algunos grupos tienen un temporizador a la vista de todos los participantes para así animarlos a ser escuetos en sus comentarios. Otros se reúnen en un salón que tiene un reloj de pared.
- Haz que el jefe de la reunión anuncie quién va hablar a continuación y cuántos minutos se han asignado al tema en la agenda.
- Pide a los participantes que, por anticipado, pongan en circulación sumarios de sus comentarios, gráficos o exposiciones que ilustren los puntos que desean abordar. Después, que hagan un breve comentario sobre la información que contienen los materiales distribuidos.

Cuando asignas con anticipación el tiempo a cada tema, los participantes pueden de veras tratar de mantenerse dentro de este marco. Cuando solicitas con anticipación que los participantes indiquen el tiempo que necesitan, entonces les corresponde mantenerse dentro de estos límites. Si alguien admite de antemano que sólo necesita tres minutos para determinado tema, entonces lo más probable es que este individuo no vaya a extenderse más y más… He aquí otras ideas para mantener las reuniones organizadas y eficaces:

- Anima a los participantes a que lleguen temprano y se queden hasta tarde. Entonces es más probable que se concentren en los asuntos durante la reunión porque tendrán tiempo para charlar y bromear antes y después de ésta (y no durante).
- Pide a los participantes que se pongan de pie al hablar. Esto tiende a limitar el tiempo de sus intervenciones porque la mayoría de las personas prefieren estar sentadas. También, se ahorra mucho tiempo si las personas se ponen de pie junto a su asiento y no se abren paso hacia la presidencia a través de todo el salón.
- Solicita que los que no pueden asistir pongan por escrito en un párrafo conciso o dos lo que iban a decir, para que alguna otra persona lo lea ante la audiencia.

Un jefe de reunión organizado conoce la importancia de crear cierta holgura en todas las reuniones. Por ejemplo, un jefe puede destinar cinco minutos a un asunto que cubre personalmente, aunque sepa que en realidad sólo requerirá unos tres minutos. Así se pueden ahorrar varios minutos, aquí y allí, de modo que si alguien sobrepasa el marco de tiempo asignado, la reunión sigue su rumbo bien encaminada y termina a tiempo. ¡Qué mundo!

45 Reúnete para alcanzar resultados

Algunos grupos se reúnen en presencia de un contable, un abogado u otro consejero como un método para mantener la reunión encarrilada y encaminada hacia los objetivos que se desean. Por ejemplo, las reuniones de International Toastmaster cuentan con la asistencia de un parlamentario que suele advertir al grupo cuando se sale del marco del protocolo establecido. Algunos grupos optan por tener a una persona que está al tanto del tiempo. También, tú o algún otro de los presentes puede encargarse de decidir si es preferible que un asunto se maneje por un grupo más pequeño, como una fuerza especial o como equipo selecto.

A ti te toca la responsabilidad de seguir el progreso de los puntos del programa que tienen un objetivo correspondiente. ¿Qué más se debe cumplir y para cuándo a fin de alcanzar el objetivo general? Como en caso de cualquier meta u objetivo (ver el consejo núm. 19), es preciso:

- Anotarlos
- Cuantificarlos
- Asignarles marcos de tiempo específicos

El modo más rápido de perder la atención de los participantes, además de ser interminable y espantosamente aburrido, es conducir la reunión en un local donde la temperatura es demasiado elevada o con poca ventilación. Esto, como también un salón de reuniones mal iluminado, oscuro, incita a las personas a quedarse dormidas. Es un fenómeno antropológico: en cuanto

149

oscurece, el cerebro recibe el mensaje de que se puede echar una cabezada. Una habitación calurosa y poco ventilada sólo acelera el proceso.

Trata siempre de reunirte en habitaciones bien iluminadas con excelente ventilación. Si puedes elegir entre una habitación un poquito calurosa y otra un poquito fresca, opta por la fresca. Una habitación fresca mantendrá a los participantes frescos y alertas. El frío puede provocar algunas quejas entre ellos, pero, al fin y al cabo, nadie se quedará dormido. Si los participantes necesitan tomar notas o trabajar con ordenadores portátiles, asegúrate de que haya cómodas superficies planas donde puedan hacerlo. También deben tener disponibles plumas, bloques de papel, agua fría y, si es posible, té o café. En algunos grupos, el secretario o la persona que lleva el protocolo toma nota de todo lo que se dice. Otros grupos utilizan una grabadora, que es mucho más eficaz, y luego transcriben las notas.

Cualquiera que sea tu método de tomar notas, instala y revisa las grabadoras, los dictáfonos de bolsillo, los proyectores, las diapositivas, las pizarras, sean blancas o negras, y todos los demás componentes mucho antes del comienzo de la reunión. Revisa asimismo de antemano las baterías de repuesto, las bombillas de luz, las extensiones eléctricas y todo el resto de instalaciones auxiliares.

Si tu reunión dura más de 30 minutos, programa algún descanso en el intermedio para no perder la atención de los participantes. Puedes también perderla con facilidad simplemente porque los períodos de atención son demasiado largos para este día y esta época.

He aquí algunas otras técnicas para organizar la habitación donde se va a celebrar una reunión:

150

- Reúnete en una habitación donde a los participantes no les molesten llamadas telefónicas, personas que tocan a la puerta y otras intrusiones. Deseas lograr una reunión de mentes y alcanzar importantes resultados; las distracciones no contribuyen a esto.
- Reúnete en locales totalmente alfombrados y paredes adornadas con carteles, cuadros, etcétera., porque esto ayuda a absorber sonidos y enriquece la textura de voces que han de escucharse. Compara este ambiente con el de un salón de reuniones con suelo de baldosas, frías sillas metálicas y paredes vacías y lisas. Los participantes estarán desesperados porque la reunión se acabe, ya que la estancia parecerá una celda carcelaria, independientemente de lo que se discuta en ella.
- Reúnete donde los asientos sean idóneos y cómodos. Sin embargo, los asientos demasiado cómodos pueden tener un efecto negativo ya que animan a las personas a dormitar. De modo ideal, todos los asientos deben ser iguales, sin que ninguno sea más alto o más bajo que otros.

Mantén una atmósfera idónea para todos los participantes; de otro modo, los comentarios se transforman en edictos (o sea, «Yo digo y tú haces»). Los edictos no animan a las personas a asistir a las futuras reuniones, ni siquiera si en ellas ha de tratarse de algo vital e interesante.

Trata de facilitar las cosas. Provoca las mejores respuestas de los participantes y anímalos a cooperar unos con otros y trabajar como un verdadero equipo. Tanto en los grupos más pequeños como en asambleas mayores, la diversidad de procedencias y personalidades de los participantes hace que a veces se produzcan confrontaciones. Trata siempre de reducir al mínimo estas interrupciones.

Demasiados jefes, en el erróneo intento de «ahorrar tiempo», no se molestan por obtener ninguna retroalimentación de los participantes después de la reunión. Creen que sus propias observaciones bastan y sobran, así que ¿por qué molestarse en consultar con otros? Los jefes organizados y eficaces tienen el valor de enfrascarse en un seguimiento postreunión. Conversan con los participantes a posteriori para averiguar si creen que la reunión ha sido eficaz, qué hubiera podido añadírsele, qué se hubiera podido omitir y cómo se la hubiera podido mejorar.

Entonces el jefe toma nota de estas sugerencias, reflexiona sobre ellas y las incorpora en su próxima reunión, de modo que esto le ayude a obtener un mejoramiento significativo. Si a los participantes de una reunión se les asigna alcanzar algún objetivo, comprenden que el jefe puede facilitarles el trabajo organizando reuniones más eficaces. En última instancia, escuchar lo que dicen los participantes después de la reunión ahorra tiempo al jefe.

46 Organiza por el camino

En todas las áreas metropolitanas y suburbanas de Estados Unidos, así como cada vez más en el tráfico vial del mundo entero, el conducir se ha vuelto una pesadilla. Uno se arrastra defensa contra defensa, inhalando gases de escape de miles de coches en una supercarretera que en realidad funciona con tanta eficacia como un aparcamiento donde los coches se mueven a paso lento.

Cuando conduces un coche, incluso con lentitud, tu actividad principal es conducir. Un estudio publicado por *New England Journal of Medicine* demuestra que conducir hablando por un teléfono móvil aumenta cuatro veces las probabilidades de tener un accidente y once veces de morir por una colisión mientras se conduce. Uno sólo puede concentrarse plenamente en una dirección básica.

Si estás esperando un cambio de luz o estás detenido en medio de un tráfico que apenas se mueve, de todos modos hablar por un móvil es peligroso, incluso si es de los que tienen un micrófono que te deja las manos libres. Si no puedes pasarte sin hacer esa llamada, sal al borde de la carretera. (¡¿Cómo se las arreglaban los conductores de coches en los primeros cien años?!)

Por el contrario, escuchar la radio o un CD, o conversar con alguien sentado en el asiento de pasajero, no conlleva semejante riesgo. Tu atención principal sigue concentrada en la carretera incluso si oyes la radio, el CD o la voz del pasajero a tu lado. Esto se debe a que en cada momento dado la conducción prevalece. Éste no el caso del uso del teléfono móvil: la concentración en la conversación con alguien a distancia y la conducción del coche compiten entre sí.

Si vas a viajar con otros por motivos de trabajo, trata de elegir a personas con quienes te guste conversar. Asombrosamente, puede que tengas conversaciones más vivas con alguien que no trabaje contigo y obtengas mayor beneficio de su conversación.

Para conducir más tranquilo y tener mejor control sobre lo que te rodea, cierra las ventanillas. Si decides escuchar algo, pon un CD o un casete vigorizante o inspirador. Investiga servicios tales como libros grabados. Visita tu biblioteca y busca conferencias, música y ensayos en audio. O pon alguna música clásica; los ritmos y la composición han de promover salud y bienestar, no como otras formas de música que pueden producir un efecto desconcertante.

Ahora, en el orden de organizar tu vehículo, mantenlo en las mejores condiciones técnicas como el prerrequisito principal para el éxito de tu viaje por carretera. Te basta con que el coche se estropee una sola vez en un lugar extraño para experimentar lo improductivo que puede ser un día. Lleva tu coche a que lo revisen con regularidad, tal y como lo recomienda el fabricante. Hazlo cada vez que sospeches que algo no funciona como es debido.

Con independencia de si el tráfico es rápido o lento, utiliza el tiempo de conducción para repasar tu día. Una clave importantísima para la eficacia personal durante la conducción es el uso de este tiempo para reflexionar. En vez de conectar la radio de manera automática, puedes ordenar tus pensamientos por el camino, en ruta hacia tus diversos destinos. Considera cuál es tu agenda para esta mañana, qué es lo que ha de hacerse, con quién te tienes que reunir, y entonces visualízate manejándolo todo de un modo exitoso. Contémplate almorzando, regresando del almuerzo, reuniéndote con alguien, ocupándote de proyectos o dedicándote a otras inminentes actividades.

Hacer tus compras de víveres por el camino

Éste es un rasgo maestro de la eficacia organizativa: en vez de dejar todo el grueso de tus compras e víveres para los fines de semana, designa una noche semanal para «hacer compras». Haz, por ejemplo, que la noche del lunes, martes o miércoles sea la noche en que hagas tus compras de víveres mientras regresas a casa del trabajo.

Prepárate para detenerte muchas veces. Puede que desees confeccionar una breve lista de tus compras y fijarla en la pizarra del coche. Mantén una carpeta, un sobre o una bolsa a mano donde guardar diversos tickets, recibos de compra, etcétera, que necesites expender y guardar. Si puedes, mantén el asiento de pasajero libre para que te sirva de centro de mando sobre ruedas.

Si encuentras interrupciones de tráfico u otras demoras indeseadas mientras haces tus compras, recoge tu tienda y ve a casa. No tiene sentido tratar de abrirte paso entre aglomeraciones. Puedes buscar otras maneras de estresarte. Siempre puedes hacer tus compras otra noche, preservando tus fines de semana y dejándolo todo hecho en menos tiempo y con menos esfuerzo.

Has tus compras múltiples, para que no tengas que volver a diversos comercios como sucede con frecuencia. Si esto te resulta práctico, dirígete a Internet y busca vendedores que hagan entrega a domicilio (ver consejo núm. 42). Haz que los vendedores vayan hacia ti.

En vez de comprar sellos en una oficina de correos, encárgalas por *e-mail*. En vez de llevar depósitos al banco, envíalos por *e-mail*. Cada vez que no tengas que entrar en tu coche para hacer alguna gestión, ahorras el tiempo, preservas tu vehículo y cuidas tu salud. Como la mayoría de las cosas que necesitas son accesibles por vía de catálogos e Internet, puedes hallar que un par de horas semanales es un tiempo más que suficiente para ocuparte de las compras que requieren de tu presencia física.

47 Maneja contingencias ↗ de viajes

¿Te aferras a tu camino al trabajo, kilómetro a kilómetro? Para evitar aglomeraciones por la mañana y por la tarde, sal cuando los demás no lo hacen. Si sales a la carretera una hora u hora y media antes que los demás, o lo que es lo mismo, una hora u hora y media más tarde, es probable que navegues en una mar más serena.

Considera levantarte a tu hora habitual, trabajar una hora y media en casa y luego partir para la oficina. Quizás puedas salir del trabajo más temprano en la tarde, llegar a casa sin tener que lidiar con demasiado tráfico y luego continuar tu trabajo en casa. O tal vez prefieras irte después de que lo hayan hecho todos los demás al final de la jornada. Por si acaso, guarda en tu coche de antemano unos pocos objetos clave.

Sujeta un juego de llaves extra en algún lugar debajo del parachoques, en uno de esos compartimentos magnéticos ocultos para guardar llaves. Además, ten en tu coche un juego de repuesto de las llaves de tu casa, al igual que guarda en tu casa un juego de repuesto de las llaves de tu coche. Quedarse «en la calle sin llave» no es productivo. Llamar a alguien para que te ayude a abrir el coche implica un gasto de tiempo y dinero. Guarda en el coche monedas de diez y veinticinco centavos, porque los parquímetros, teléfonos públicos y máquinas de venta automática funcionan con estas monedas.

Coloca en el maletero un portafolio o una carpeta con sellos, sobres, una pluma, papel, una calculadora y tal vez importantes números telefónicos. Si viajas con un teléfono móvil o un ordenador *palm top* tendrás, sin duda, contigo las direcciones y números telefónicos clave. Si no, oculta los números y direcciones importantes en algún lugar del coche donde nunca puedan ser descubiertos por nadie más, pero donde estén a tu alcance en cuanto los necesites.

¿Qué más vale la pena guardar en el coche? Puedes tener en él tu bolsa de gimnasio con calcetines, un muda extra de ropa interior, un cepillo de dientes, papel higiénico, una linterna, unas gafas de sol, tarjetas de crédito, mapas de la zona, carné de biblioteca, un botiquín de primeros auxilios, una sombrilla, una chubasquero, un sombrero y un par de guantes, entre otras cosas. En mi caso, guardo siempre una billetera extra oculta con tarjetas de crédito y un recipiente de aditivo para gasolina. No es mala idea guardar en el coche una manta por si te ves detenido en algún lugar donde hace frío. Cuando llegues a darte cuenta de lo que cuesta quedarte fuera de tu coche sin llaves, atascado o extraviado en una ciudad, sin estar preparado, entonces sí te prepararás.

Si no eres miembro de uno de los clubes automovilísticos nacionales, considera las ventajas de ingresar en uno de ellos. Si tu coche necesita un empujón para ponerse en marcha o que se le remolque una sola vez al año, el costo anual de la membresía ya se verá pagado por si solo. Tener esta clase de seguridad no tiene precio. Al marcar el número 800, puedes comunicar con un garaje de primera y tener en el lugar a un especialista calificado con remolque en 45 minutos o menos, dondequiera que estés.

Una vez a la semana, si puedes, llama por teléfono y evita ir a la oficina. Conéctate con tu oficina por fax, *e-mail* o teléfono si aún no lo has hecho. Si te quedas en casa aunque sea los miércoles una semana sí y otra no, te verás más productivo para atender las clases de tareas que te resultan difíciles de abordar en una atareada oficina. Además, puedes pasarte el día en pijama.

48 Sé productivo en el transporte público

Si formas parte de la población trabajadora que se dirige a su trabajo en transporte público, sólo puedo quitarme el sombrero ante ti. Aunque las ciudades tienen diseñados vastos sistemas de metro y de autobús, muchos siguen acudiendo a su trabajo en coche. Existen muchas maneras de ser productivo en un autobús, en el metro, en un tren o en un microbús. Ya conoces la mayoría, así que seré breve.

Para desconectarte del ruido circundante en un medio de transporte público, utiliza un reproductor portátil de casete o de CD. Elige lo que deseas escuchar, pero cerciórate de que sea algo animador, informativo y que en general te sirva de apoyo para lo que desees ser y sentir en la vida. Si optas por leer un periódico, hazlo. Si estás leyendo este libro ahora mismo, en el tren, ¡tanto mejor para ti!

Si viajas con un ordenador *palm top* o *notebook*, probablemente ya tienes establecida tu rutina. Según cual sea la brillantez de tu pantalla, puede que desees sentarte en la parte del vehículo donde no te dé el sol. Asegúrate de tener contigo una cantidad suficiente de baterías recargadas para el recorrido.

No lleves tu costoso ordenador en un estuche de viaje tradicional: sería un blanco fácil para ladrones. En vez de esto, lleva el equipo caro en una cartera de colegial, un viejo portafolio o algún otro bolso de viaje cuyo aspecto sea el de llevar cualquier cosa menos un ordenador.

Mientras más ligero viajes más fácil te será subir y bajar del autobús, metro, tren o cualquier otro vehículo. Si has estado yendo y viniendo al trabajo durante cierto tiempo, sabes cuánto tiempo te va a tomar el recorrido, por lo que podrás planear tu trabajo acorde a ello. He visto a muchos adeptos a una práctica profesional que podría llamar administración de bolsillo. Son capaces de sacar de los bolsillos de sus trajes un bloque de papel o una pluma, tarjetas de presentación, papel adhesivo, un *palm top*, una agenda electrónica, un dictáfono de bolsillo o cualquier otro instrumento relacionado con su trabajo. Pueden ponerse a trabajar en cualquier momento y volver a guardar su «oficina portátil» con la misma rapidez.

Si lees de una manera voraz en el transporte público, sigue siendo organizado y preciso. Al abrir una revista, arranca rápidamente los artículos que te parecen interesantes o que representan algo importante y urgente, o tan sólo importante, y recicla el resto. Tu meta durante el viaje ha de ser siempre tener que cargar la menor cantidad posible de cosas al final del recorrido.

Conserva el volumen más pequeño de papeles que puedan servir a tus propósitos. Por ejemplo, si sólo necesitas una dirección de sitio web, un número de teléfono o un fragmento clave de información, no guardes páginas y más páginas de un artículo. En vez de esto, guarda tan sólo la página que contiene la información que necesitas.

La accesibilidad de los escáneres de mano da la posibilidad de viajar con un escanear de bolsillo y escanear una sola línea, para no tener que conservar un papel demasiado diminuto. Además, si viajas con un dictáfono de bolsillo, graba simplemente las frases, los números telefónicos y otros retazos clave de información que desees conservar. Más tarde lo puedes transcribir en tu propia grabación, o mejor aun, hacer que alguna otra persona lo haga, y transfiera la información al disco duro.

Si viajas con un teléfono móvil o un dictáfono de bolsillo, sé respetuoso con otros pasajeros; aléjate del área común, modula la voz y trata de que tus conversaciones sean lo más breves posible. Puedes atender todo tipo de negocios con tu pequeño teléfono, pero si lo haces de modo que todo el mundo te oiga, molestarás a todos.

Desde luego, mientras viajas, puedes verificar tus mensajes de voz, *e-mail* y otro tipo de correspondencia, pero no te dediques con frenesí a todo ese cúmulo de mensajes. Seguirán allí cuando llegues a tu destino.

49 Vuela en un cielo más amistoso

Con el incremento del número de pasajeros, una mayor restricción en la configuración de compañías aéreas y unas medidas de seguridad más drásticas, viajar en avión se ha convertido en un verdadero engorro. La clave para permanecer organizado y productivo antes, durante y después del vuelo consiste en viajar ligero de equipaje y ocuparte de antemano de todo lo que puedas.

• Empaqueta las cosas la noche anterior y lleva lo menos posible.
• Utiliza la menor cantidad posible de artículos de tocador.
• Utiliza bolsos o maletines rodantes para no tener que cargar un bulto pesado.

La mayoría de las compañías aéreas aceptan equipajes de mano de 5 x 35 x 22,5 centímetros. Por lo tanto, podrás llevar rodando tu equipaje dentro del avión sin tener que verificarlo, salvando así unos buenos 15 o 20 minutos antes de la salida y después de la llegada a tu lugar de destino. Si tienes que llevar un segundo bolso, usa algo que quepa encima de tu equipaje de mano con ruedas; lo esencial es que no tengas que cargar ningún bulto sino que puedas llevarlos rodando.

Muchas compañías aéreas aceptan dos bultos y permiten llevarlos a bordo. Si necesitas tener más de dos bultos, puedes también facturarlos todos, ya que esperar por un bulto toma más o menos tanto tiempo como esperar por todos.

Si tienes un viaje largo con muchas escalas intermedias, en vez de tratar de llevar una muda de ropa para cada día, lleva la suficiente ropa para la mitad del viaje más un día. En otras palabras, si vas a viajar nueve días, lleva ropa suficiente para cinco. Si vas viajar durante diez días, lleva ropa para seis. Entonces, cuando se aproxime la mitad del viaje, manda a lavarlo todo en algún lugar por el camino. Utilizar los servicios de lavandería y planchado cuesta poco dinero, pero es preferible a tener que cargar durante todo el viaje con un pesado bulto de ropa.

Mantén tu maleta hecha de una manera ligera y eficiente. Lleva etiquetas con direcciones tanto de tu lugar de destino como de tu casa. Esto te ahorrará el tiempo de tener que escribir tu nombre y dirección una y otra vez.

No empaquetes nada de lo que sabes que te va a proporcionar tu hotel o el lugar de destino. Puedes siempre llamar de antemano para averiguar qué es lo que ofrecen. Puede ser una gran ventaja no tener que cargar con un albornoz, un reloj despertador, un secador de pelo y otros artículos de aseo nocturno. Guarda los pequeños jabones y otros artículos de tocador que suministra el hotel. Su pequeño peso y volumen es ideal para los próximos viajes, y son prácticos.

50 Reserva correctamente tus vuelos

Si te gustan largas filas y grandes molestias, compra los billetes en el mostrador de la aerolínea en el día del vuelo. Si lo haces, tendrás los peores asientos al precio más elevado. Un asiento incómodo impactará negativamente en tu productividad y utilización del tiempo a bordo del avión. Trata de comprar tus billetes de antemano, y así podrás tener un asiento en la parte delantera, junto al ala o al pasillo. Todas estas variantes son mejores que un asiento en el medio o junto a una ventanilla.

Lleva siempre contigo una botella de agua para no tener que esperar a las azafatas a fin de poder apagar la sed. Unos pocos tragos de agua de vez en cuando pueden representar una gran diferencia entre mantener una alta productividad y energía y estar sediento, deshidratado e incapaz de llevar a cabo un trabajo de calidad.

Lleva tu propia merienda. ¡Sí, empaqueta tu propia comida y no pongas mala cara! ¿Qué debes llevar? Puedes llevar zanahorias, pepinos, manzanas, bananas, semillas de girasol, maní y cualquier otra cosa que sea saludable y que te proporcione energía. Evita llevar dulces, pasteles y otros productos con mucha azúcar o sal, tales como rosquillas, queso y galletas preenvasadas, merienda muy accesible en el comercio que lo único que ofrece son carbohidratos inútiles. Te restarían energías, te dejarían el cuerpo desnutrido y serían la causa de que trabajases con mucha menos eficacia de lo que hubieras podido en otras circunstancias.

Estar sentado horas y horas en un avión causa siempre un sentimiento de encierro. Evita ropa pesada, zapados apretados, cinturones ajustados y cualquier otra prenda que limite la respiración, la ventilación y la circulación. Si vas a encontrarte con un cliente en cuanto llegues a tu destino, puede que tengas que sacrificar la ropa que te gustaría usar por un traje o un atuendo de presentación. Si no es así, vístete con ropas sueltas y cómodas. Trata de ser capaz de moverte con libertad y disfrutar del vuelo.

Si estás volando en un mediodía, cuando los rayos ultravioletas de sol castigan más, asegúrate de tener a mano las gafas de sol. Utiliza también la iluminación de cabecera y baja la cortinilla de tu ventana. No se te cansarán tanto los ojos. En nuestra sociedad, sumamente móvil, las probabilidades de que tengas que pasar mucho tiempo en un medio de transporte son cada vez mayores. Al tomar de antemano medidas adecuadas, aumentas al máximo tu potencial de estar lo mejor posible tanto durante el viaje como después de éste.

HAZ QUE TU HOGAR
SEA TU CASTILLO

51 Destruye las avanzadas enemigas

Las actividades que se requieren para mantener organizado un estudio o un coche no difieren en lo básico de las que ya has desarrollado en los lugares donde no te resulta difícil mantenerte organizado. Aplica simplemente lo mejor de lo que haces en un lugar o espacio a otro y verás que ser organizado no es una tarea tan ardua.

Llegar a ser organizado en tu vida personal te servirá de apoyo en tu vida profesional. Cuanto más organizado estás en casa, en el trabajo y en otros lugares de tu vida, tanto mayor es la probabilidad de tener mayor concentración, energía y dirección cuando te enfrascas en una labor. Con toda seguridad, serás más eficiente y es posible que tengas una mayor paz mental.

Para asegurar que tu ambiente doméstico aumenta tu sentimiento de control, no permitas que se erijan ad hoc avanzadas enemigas. Adopta técnicas de apoyo que te sirvan para abordar y descargar. Lleva siempre el correo, el trabajo de oficina que has traído a casa, los recibos de impuestos e objetos recién adquiridos (incluyendo las garantías y las etiquetas) a su destino final o a tu «avanzada» administrativa para su procesamiento e integración en tu sistema de organización.

Cuanto más pronto seas capaz de mantener en orden las superficies, tales como la mesa del comedor, el escritorio y las mesitas más pequeñas, tanto mayor será tu capacidad para administrar el flujo de asuntos en tu vida, tratarlos de una manera eficaz y seguir avanzando.

P: Así pues, ¿la organización comienza cuando entro por la puerta?

R: Sí. Evita dejar cosas en lugares inapropiados. Al llegar a casa, o poco tiempo después, llévalo todo a los lugares donde deben ir. Si su lugar es el estudio, llévalos al estudio. Si su lugar es el armario, pues llévalos allá.

Si dejas de llevar los objetos al lugar que les pertenece, te creas a ti mismo una doble o triple cantidad de trabajo. ¿Deseas creártelo? La acumulación de pequeñas tareas sin terminar puede hacer que te sientas agobiado. Al regresar de un viaje, de inmediato, desembolsa tus bultos, pon la ropa en el armario o en la lavadora y lleva los papeles a tu escritorio.

Si tienes junto a la puerta un pequeño estante o una mesita, utilízalos solamente para lo que se tiene que ir del hogar, no para lo que entra en la casa. Lo que entra va directamente a su destino final. Lo que sale, se va enseguida. El proceso es continuo.

Si las mañanas son para ti de sumo apuro, facilítate el camino reduciendo el número de objetos que tienes que recoger y cosas que tienes que hacer. Visita tu coche la noche anterior y guarda en él la mayor cantidad posible de cosas que tú o tus acompañantes vayáis a necesitar al día siguiente. Esto incluye carpetas de oficina, libros, ropa de gimnasio, bolsas de almuerzo, cualquier cosa que no se eche a perder.

En casa, si tus armarios están repletos y apretujados con todo tipo de cosas que has acumulado durante años, es hora de emprender una limpieza primaveral, independientemente de si estamos o no en primavera. Si se te hace insoportable la idea de deshacerte de todo lo que has reunido allí, al menos sepáralo por estaciones.

Cuando se acerque la primavera, guarda todo lo que usas en invierno en cajas en una parte de la casa donde no estorben. Tal vez puedan ir al ático, al sótano o en alguna habitación de poco uso. El arreglo de cada armario no te debe tomar más de 60 minutos. Una vez ordenados, están dispuestos al menos para la próxima estación.

A medida que vayas avanzando a través de tu casa recuperando espacios, verás que el resultado se reflejará en tu carrera. El hombre o la mujer del siglo XXI se ve simplemente inundado con exceso de objetos que compiten por su tiempo y atención, tanto en el trabajo como en el hogar, y también entre ambos. Acumular una cantidad irrazonable de actividades en una unidad de tiempo dada tiende a causar una notable aceleración. Del mismo modo, acumular demasiadas cosas en un espacio físico tiende a causarte el sentimiento de estar fuera de control.

Al eliminar las avanzadas enemigas y recuperar tus espacios, las cosas te pueden parecer más fáciles y rápidas, puedes ahorrar tiempo, salir por las mañanas con mayor facilidad y disponer las cosas más cómodamente por las tardes.

52 Elige el día y la hora fijos

Cuando se trata de poner en orden la casa, las personas tienden a considerar que han tenido una semana demasiado difícil, así que esperan hasta el viernes por la noche o el sábado por la mañana. Rhonda, por ejemplo, está demasiado agotada durante la semana y en la tarde del viernes para pensar tan siquiera en poner su casa en orden. Sin embargo, después de un buen descanso en la noche del viernes, resucita y se pone manos a la obra.

Poco después de levantarse, comienza por lavar la ropa y luego, mientras la lavadora pasa por todos sus ciclos, recorre la casa con la aspiradora. Cuando la lavadora ha terminado su obra, Rhonda pone la ropa en la secadora y comienza a trabajar en la cocina, a hacer frente a alguna vajilla sucia, limpiar el fregadero y barrer el piso. Para el momento de sacar la ropa de la secadora y doblarla, ya se ha acercado al límite final de su ritual de las mañanas sabatinas.

Mientras distribuye la ropa en el armario de la ropa blanca, los cajones del dormitorio y los estantes, Rhonda ordena rápidamente cada una de estas habitaciones. Entonces, termina limpiando los dos baños de su casa. En noventa minutos más o menos, ¡listo! Su trabajo está hecho. Entonces, durante el resto del sábado y el domingo, sólo le quedan unas pocas actividades indispensables y, con buena suerte, puede hacer que su esposo se encargue de ellas. De todos modos, a lo largo de la semana, pone lo mejor de su parte por mantener el orden.

Invariablemente, el viernes siguiente, la casa es de nuevo un caos. Pero no es de preocupar. Rhonda no se estresa porque mantiene un día y la hora fijos para poner las cosas en orden. Si tiene que salir un sábado por la mañana o surge cualquier imprevisto, reorganiza provisionalmente su programa y, a pesar de todo, mantiene el orden.

En tu propia situación, en el trabajo o en la casa, elige un día y una hora fijos, como Rhonda, y podrás también mantener el orden. Puedes incluso ser el mejor de tu grupo.

Muchos profesionales de carrera dedican una parte de la tarde del viernes a ordenar su oficina, si no tienen ningún trabajo o fecha tope apremiante. De veras, la tarde del viernes es una hora estupenda para reordenar y organizar el escritorio y las áreas circundantes. ¿Por qué el viernes? Para muchas personas, en este día la oficina resulta mucho más ruidosa que en cualquier otro. Además, algunos han pasado mucho tiempo demasiado concentrados en las últimas horas de la semana.

Si otros en tu oficina tienen el hábito de ordenar sus cosas en los viernes, lo mejor que puedes hacer es imitarlos. Eres parte de tu oficina. Así puedes partir para el fin de semana con un sentimiento de control sobre tu medio ambiente profesional.

Independientemente del día y la hora que elijas, despliega una rutina de mantenimiento de orden. Verás que esas tareas recurrentes y onerosas relacionadas con la organización no son tan grandes y, para decirlo todo, tampoco son tan desagradables.

53 Aborda los espacios de un modo estratégico

Al abordar tus espacios, piensa de una manera estratégica. Por ejemplo, considera tu armario de ropa blanca. Es un espacio restringido para guardar sábanas y toallas. Organízalas de tal manera que todo cuanto tengas que hacer sea abrir la puerta y, de inmediato, lo que necesites esté al alcance de la mano.

Para facilitar el mantenimiento del orden, guarda juntas todas las toallas del mismo tamaño. Evita guardar las toallas de uso frecuente en estantes altos. Si es preciso sacar del armario las toallas de baño y para la cara a diario o un día sí y otro no, entonces tiene sentido tenerlas accesibles para cualquiera que las necesite, incluso las personas de baja estatura y los niños pequeños.

Tu armario de ropa blanca puede contener, además de las sábanas, toallas de baño y de cara, muchas otras cosas. Esto incluye cualquier objeto que no resulta fácil de guardar en un cuarto de baño. No pretendas sobrecargar tu armario de ropa blanca con artículos de baño; sin embargo, puedes hacer que complemente tu cuarto de baño, guardando allí las cosas para los que no dispongas de un local adicional en el baño. Por ejemplo:

- Guarda en el armario de ropa blanca algunos de los objetos más grandes que no caben con facilidad en el cuarto de baño, tales como un secador de pelo u otros artículos eléctricos.
- Utiliza pequeñas cajas para guardar una diversidad de artículos meticulosamente ordenados. Éstos podían ser jabón extra, champú, pasta dental y diversos productos de higiene personal.
- Guíate por la altura de los estantes para determinar en qué lugar. Por ejemplo, si tienes niños pequeños y deseas que las toallitas estén a su alcance, colócalas en los estantes bajos. Como alternativa, si hay productos que los niños no deben tocar, sitúalos en los estantes más altos.

Algunas personas usan las partes menos accesibles del armario de la ropa blanca para almacenar allí artículos extra, mientras que guardan las toallas de baño y de cara, las sábanas o las fundas más cerca al borde delantero de cada estante. Al abrir el armario de la ropa blanca, se debe ver tan sólo artículos de tela. Esto puede parecer de poca importancia, pero algunas veces el arreglo visual del armario es tan útil como cualquier otra cosa que uno trata de hacer para mantener el sentimiento de estar en control. Cuando abordes de una manera estratégica el armario de la ropa blanca o cualquier otro espacio vital, tendrás una mejor oportunidad de establecer un sistema ordenado que te ha de ser de gran ayuda.

Aplica un pensamiento estratégico a otras áreas de tu hogar. Si no puedes ver el suelo del armario, organiza tus zapatos. En esto puedes ser creativo. Puedes comprar carritos especiales para zapatos en la mayoría de comercios con descuentos, o usar simplemente un zapatero de tela. Puedes utilizar incluso viejos botelleros para colgar zapatos. Si tienes un zapatero de tela, puedes colgarlo en la pared del armario o en la parte interior de la puerta. Los zapateros de tela hechos de un material de malla son particularmente útiles ya que permiten ver en qué compartimiento está cada par de zapatos, y no hace falta hurgar en todos para sacar uno.

Visita unos grandes almacenes de artículos de hogar que tengas cerca y donde vas a encontrar una variedad de sistemas de «organizar calzado». Toma las medidas de tu armario de antemano para poder determinar cuál de estos artículos puede ajustarse con comodidad al espacio de que dispones. Una de las mejores técnicas de organizar los zapatos es deshacerte de los que ya no usas.

Sin duda, conoces grupos comunitarios que aceptarían con gusto donaciones de calzado, entre ellos Goodwill, Cáritas y tu iglesia, si perteneces a alguna. Sé honesto contigo mismo al decidir qué zapatos vas a usar realmente y de cuáles te puedes deshacer perfectamente. Si no lo haces así, los zapatos que usas pocas veces se van a acumular en tu armario hasta el fin de tus días. Te sentirás bien al deshacerte de zapatos sobrantes y, si tienes ánimo, ¡tendrás más espacio para adquirir otros nuevos!

54 Adopta una política de reemplazo

Cuando comiences a poner cierto orden en tu vida, verás que hay una manera inteligente y práctica de no verte sepultado entre acumulaciones: emplea el principio de reemplazo. Cuando adquieras algo nuevo, deshazte de alguna otra cosa. La tabla que sigue da ejemplos de políticas de no reemplazo en contraste con las de reemplazo.

Políticas de no reemplazo	Políticas de reemplazo
La colección de DVD de tu hijo excede de cincuenta cuando adquieres o copias los clásicos los últimos éxitos.	Decide de antemano con tu hijo la cantidad total de DVD que puede tener. Cada uno nuevo significa un reemplazo de otro viejo.
Tu archivador está tan atiborrado que te ves necesitado de comprar otro.	Tus carpetas se mantienen del mismo tamaño, porque al agregar cada documento desechas otro.
En armarios y depósitos de almacenamiento se pueden encontrar viejos equipos a los que te aferras que pueden tener algún valor en el futuro.	Cuando compras un equipo nuevo, das el viejo, menos eficaz, a una organización de caridad.

Políticas de no reemplazo	Políticas de reemplazo
Has acumulado libros desde tus años en la universidad y ahora tienes anaqueles sobrecargados sin tener esperanza de leer la mayoría de lo que has acumulado.	Conserva sólo los libros de valor constante o sentimental. Revisa con rapidez la mayoría de los libros, o saca copia de los documentos más importantes, y te deshaces del resto.
Aunque tengas un disco duro de 8GB estás considerando adquirir otro de mayor capacidad.	No necesitas un disco de mayor capacidad, porque al menos todos los meses, de modo rutinario, liberas tu disco de las carpetas obsoletas.
Tienes una colección de informes anuales, estados de cuentas 401 (k) y similares de casas de inversión, la mayoría de los cuales no has leído.	Cuando recibes un informe anual de una firma de inversiones, reemplaza con rapidez lo que te enviaron el año pasado, con este nuevo.
Tus cajones y el armario de ropa están sobrecargados, principalmente con ropa que no has usado en años.	En tu casa hay espacio más que suficiente para la ropa que usas de veras, porque el resto lo donas a organizaciones de caridad.
Tienes una tonelada de folletos, recuerdos de tu último viaje, como también de muchos viajes anteriores.	Tienes unos cuantos recuerdos seleccionados de tus últimos viajes, y has optado por exhibir algunos y guardar el resto.

Políticas de no reemplazo	Políticas de reemplazo
Tu colección de discos ocupa muchos estantes y está cubierta de polvo. Casi nunca los escuchas.	Vendes,desechas o donas estos discos de larga duración, y compras unos cuantos CD de los «mayores éxitos» que sabes reproducirás y disfrutarás.

Si no reduces de modo constante lo que acumulas, no reconoces la realidad de una época que te ofrece más de lo que puedes aceptar.

55 Improvisa cuando el espacio de almacenamiento es limitado

Enfréntate con el hecho de que, es probable que encuentres que nunca dispones de todo el espacio que necesitas. Sobre la base de esto, tendrás que improvisar. Considera una casa que carece total o parcialmente de sótano, pero sí tiene una pequeña bodega donde apenas puede caber una sola persona a la vez. Las técnicas de organización en este espacio también te resultarán útiles.

- Asegúrate de que la pequeña bodega tenga un acceso fácil tanto desde el interior de tu casa como desde una entrada exterior.
- Instala cerca una luz o un interruptor. Si esto no es factible, utiliza un farol o algún otro sustituto conveniente.
- No mantengas nada en los peldaños, ya que es casi inevitable que alguien tropiece y caiga.
- Si el espacio en el piso es limitado, usa las paredes. Dispón en la pared los útiles de uso frecuente, las herramientas y otros objetos convenientes.
- Mantén el espacio limpio. Tales bodegas suelen cubrirse rápidamente de polvo y suciedad.

Si necesitas más espacio de almacenamiento, considera las unidades no empotradas que se pueden comprar, en diversos tamaños, en los comercios de ferretería y útiles para hogar a precios sorprendentemente accesibles. Las unidades de almacenamiento pueden venir preensambladas o en forma modular para que las puedas ensamblar por tu cuenta. En su mayoría, carecen de calefacción. No obstante, te posibilitan mantener un buen nivel de organización ya que puedes almacenar en ellas cosas que de otro modo se amontonarían en tu garaje u otras áreas adjuntas a tu hogar.

Al igual que en el caso de la pequeña bodega, o digamos un garaje, mantén limpio el área de almacenamiento; utiliza el espacio de las paredes con la mayor ventaja y aprende a maniobrar con facilidad dentro de la unidad de almacenamiento. Trata de no tropezar con cosas ni caer sobre ellas.

Mantén despejado el centro de la unidad de almacenamiento y trata de desplazarte en su interior en un recorrido en forma de U. Esto te proporcionará acceso a todo y no tendrás que estirarte por encima de algo para alcanzar algún otro objeto.

No vayas a caer, como muchas personas, en la trampa de sobre-cargarte con bodegas u otros medios de almacenamiento dentro de la casa y alrededor de ella. Al principio esto es bastante inofensivo, y en los primeros meses e incluso años todo parece estar en orden. Con toda seguridad, antes de que te des cuenta, estos espacios estarán repletos de cosas. Y de repente, ¡parecerá que ya no tienes espacio adecuado de almacenamiento!

Ah, ¿pero lo tienes o no? No has despejado en mucho tiempo tu cuarto de guardar cosas. Tales espacios representan un peligro para quienes se arriesgan a adentrarse en ellos. Algunos de ellos son trampas de fuego que contienen materiales inflamables. Otros son una amenaza de accidentes: puede haber en ellos herramientas puntiagudas capaces de herir a un visitante desprevenido. Controla estos espacios ahora, antes de que alguien salga lesionado. En tales casos, un poco de organización es muy, pero muy útil.

56 Organiza tus compras de regalos

Es difícil comprar regalos para algunas personas (¡y sabes quiénes son!). En vez de sentirte nervioso la próxima vez que veas cómo la cara de la persona a quien estás haciendo un regalo traiciona sus verdaderos sentimientos hacia éste, deberías pensar mejor cómo comprar. Adecuar bien el cuándo y el cómo de la compra te hará el proceso menos estresante. Más aun, te facilitará la compra de un regalo que tendrá mayores probabilidades de ser apreciado.

Una de las tareas más difíciles en tiempo de fiestas es encontrar regalos adecuados para amigos y familiares. Es fácil comprar para algunas personas, pero hay otros que son quisquillosos y otros más a quienes no conoces muy bien. Para facilitarte la tarea de comprar, confecciona una lista de regalos de fiestas para todo el año.

Cuando un amigo u amiga te comente que le gustaría esto o aquello, anótalo.

Elige cuidadosamente los días en que compras. Los lunes y martes hay mucha menos gente en los comercios que durante los fines de semana. Si trabajas lejos de casa, puedes hacer las compras al anochecer. Y puesto que vas a estar cansado luego de una jornada agotadora, compra los regalos más pequeños, como discos, CD, cheques-regalo y joyas, así no tendrás que cargar con grandes paquetes. También, haz que en el comercio te envuelvan bien los presentes. Esto te puede ahorrar el dolor de cabeza de tener que pasar un rato envolviéndolos en casa.

Si prefieres hacer las cosas tú mismo, las bolsas decorativas son un modo fácil (y atractivo) de envolver regalos. Las bolsas de regalos pueden ser caras, pero muchos comercios de precios módicos ofrecen líneas baratas de bolsas, papel de regalos y accesorios. Guarda todas las bolsas que recibas para que puedas volver a usarlas.

Invariablemente, siempre hay alguien para quien se te olvida comprar hasta el último minuto. Cuando esto suceda, opta por un infalible cheque-regalo. Algunos centros comerciales ofrecen cheques-regalo que son válidos para su totalidad y que permiten a la persona que lo recibe elegir un presente en cualquier tienda que sea de su preferencia. Muchas personas compran unos cuantos regalos extra por si reciben un regalo inesperado de alguien a quien no han comprado nada. Comprar uno o dos regalos extra está bien, pero más es excesivo.

Si un amigo tiene una afición especial, compra un cheque-regalo de una tienda que tenga que ver con esta afición. No se te olvide que algunas personas se sienten más amadas cuando se les entrega un regalo y consideran los cheques-regalo como una solución rápida para salir del paso. Otros se sienten encantados de poder adquirir lo que desean realmente. Para hacértelo más fácil, ordena todos los regalos que puedas *on line* o por correo. Siempre y cuando encargues los artículos algunas semanas antes de que los necesites, no habrá problema con recibirlos a tiempo.

Sé cuidadoso a la hora de encargar. Solicita para una fecha de entrega determinada y llama antes para confirmar que el paquete se ha enviado. Asegúrate de conocer las tallas y medidas correctas antes de encargar, para no tener que enviarlo todo de vuelta en la semana siguiente.

Cuando estés haciendo compras de regalos de fiesta, de paso compra algunos regalos para amigos y familiares que cumplen años dentro de uno o dos meses. Aunque no desees pensar en otras fiestas, te evitarás el tener que ir de compras un mes después de las Navidades. Una vez que tengas en casa todos tus regalos, guarda todas las etiquetas y recibos en un lugar donde sean de fácil acceso y puedan hallarse en caso de que tengas que devolver un regalo.

La mayoría de los comercios mantienen grandes ventas de artículos de Navidades después de las fiestas. Éste es un buen momento para comprar papel de envolver, tarjetas de felicitaciones, cajas, etcétera. Es también una oportunidad para abastecerte de obras de artesanía y de arte. Tendrás todo cuanto necesites para cuando dentro de un año comiences a adornar, decorar e iluminar tu casa.

57 Organiza tus compras y los papeles relacionados con ellas

Hoy en día, mucho de lo que compras viene acompañado de manuales de instrucciones, certificados de garantía que hay que completar y enviar y papeles que archivar. ¿Cómo puedes hacer un uso óptimo de tus compras, comprender complejos detalles, guardar los papeles apropiados y, además, permanecer organizado?

Antes de poner un pie en un comercio o encargar algo *on line*, determina de antemano qué es lo que deseas en realidad que el producto sea capaz de hacer. Si esperas hasta estar en el salón de muestra para entonces averiguar las funciones y características que deseas en un artículo o aparato, ¡será demasiado tarde!

Confecciona una lista para verificar los beneficios y características asociada a los productos que te atraen. Yo utilizo una lista de compras que me ayuda a asegurar que, cuando invierto mi dinero en algo, estoy adquiriendo lo mejor. La lista siguiente cuestiona los potenciales beneficios y opciones en relación con los almacenes o servicios responsables de vender los productos que se compran:

Descuentos

- ¿Existen significativos descuentos o términos especiales?
- ¿Existen descuentos corporativos, gubernamentales, de asociaciones o para educadores?
- ¿Hacen descuentos semanalmente, mensualmente o por estaciones?
- ¿Hacen descuentos a los compradores habituales?

- ¿Hacen descuentos para las compras fuera de las horas punta o para artículos de poca demanda?
- ¿Hacen una oferta de precio mínimo garantizado?

Opciones de encargo

- ¿Aceptan las principales tarjetas de crédito?
- ¿Aceptan órdenes de compra por fax o por *e-mail*?
- ¿Ofrecen garantía de devolución de dinero o de alguna otra clase?
- ¿Poseen una línea para encargos gratuita y una línea de servicios al consumidor?
- ¿Es fácil comunicarse con un operador en persona?

Entregas

- ¿Garantizan la fecha de envío?
- ¿Ofrecen entrega e instalación gratuitas?
- ¿Están asegurados sus envíos?
- ¿Cobran por el envío y la manipulación?
- ¿Cuánto tiempo se demora la entrega?
- ¿Qué más se incluye?

Privacidad

- ¿Mantendrán tu nombre fuera de su lista de correos si así se lo pides?
- ¿Intentan vender, alquilar o transferir la información sobre tu compra a otros?

Otras consideraciones

- ¿Cuánto tiempo llevan en el negocio?
- ¿Están los servicios de venta y reparaciones autorizados en tu área?
- ¿Viene el producto acompañado de una garantía?

Una vez en el lugar, estoy concentrado y dispuesto con un solo y delgado papel en la mano. La mayoría de los compradores no dan tales pasos para organizarse antes de una compra porque esto les parece demasiado trabajoso. Para mí, es menos trabajoso asegurarme de que estoy adquiriendo un equipo, modelo y marca correctos con cualidades apropiadas, que descubrir demasiado tarde que una compra no me proporciona lo que deseaba desde el principio.

Una vez en el comercio, procura hacer funcionar el artículo. Con el vendedor, recorre los pasos que darías en caso de adquirir el aparato. Asegúrate de comprender bien cómo funciona la maldita cosa; no esperes a estar en casa, solo, sin ninguna ayuda. Haz que te repitan varias veces las instrucciones hasta que ya no puedas equivocarte.

El vendedor está allí para servirte, pues eres el consumidor, y no al revés. Llega con una disposición mental de que estás allí para reunir información y no necesariamente para comprar.

Si no puedes comprender cómo funciona la unidad y probar sus funciones básicas mientras estás en el comercio, tal vez la falta no sea tuya ni del vendedor, sino del fabricante.

Piensa en secadoras de ropa, hornos microondas, licuadoras, radio-despertadores y reproductores de CD, y cómo, de manera misteriosa, parecen venir provistos de instrucciones demasiado complejas para comprender, mientras que otros parecen fáciles de manipular.

Evita voluminosos manuales de instrucciones. Al considerar una importante compra de algún equipo, ¿pides que te enseñen los manuales de instrucciones que vienen con él? Algunos fabricantes creen impresionarte agarrándote con un libro de instrucciones de 180 páginas.

Mientras lees detenidamente el paquete de papeles que viene con tu equipo, incluyendo el manual de instrucciones, diagrama o esquema y el certificado de garantía, busca las instrucciones resumidas. Están impresas de modo conciso en una sola página o tarjeta, con frecuencia laminada, y consta compasivamente de tan sólo 5, 10 o 12 funciones básicas que el 98 por 100 de compradores utilizarán de modo regular. Si esta tarjeta tiene ilustraciones en forma de íconos o símbolos, tanto mejor.

Con la tarjeta en la mano, verás con qué facilidad podrás hacer funcionar el modelo en el salón de muestra. Tal vez en esta fase necesites la ayuda del vendedor. Esto es normal; vuelve a leer rápidamente la tarjeta con su ayuda y después otra vez, sin ella. Si logras hacer lo que dice la tarjeta, entonces lo más probable es que puedas hacerlo sin ella.

De modo ideal, con la segunda lectura sin ayuda, debes arreglártelas para poder manipular el equipo guiándote por las instrucciones sencillas. Si no, es posible que en el próximo estante haya otro modelo de otro fabricante que sea aun más fácil de manipular y que sin embargo realice las funciones básicas que estás buscando.

Para seguir siendo organizado después de la compra de cualquier aparato, equipo o máquina, archiva el recibo, los diagramas o esquemas y cualquier otro tipo de papeles asociados del mismo modo que haces normalmente con cualquier compra, pero mantén el manual de instrucciones y las instrucciones resumidas cerca del equipo. Esto es válido sobre todo para los DVD y reproductores de vídeo ya que, en muchos casos, puedes simplemente colocar las instrucciones debajo de la unidad.

Reconoce que un número menor de interruptores, botones o teclas puede no significar que un producto sea menos sofisticado u ofrezca menores beneficios o posibilidades. De hecho, puede ocurrir lo contrario. Busca tan sólo productos e instrucciones diseñados con inteligencia.

58 Archiva la documentación sobre tus impuestos a tiempo y sin pena

Guardar una información precisa y completa sobre los impuestos es un componente fundamental en la vida del individuo o la familia organizados. No tienes por qué preocuparte nunca de Hacienda si das los simples pasos que te permiten asegurarte de poseer la documentación necesaria para respaldar las declaraciones de tus impuestos.

Hoy en día, cualquier comercio de útiles de oficina vende una gran variedad de libretas de notas, carpetas, sobres, separadores y otros objetos que te capacitan para guardar con rapidez y facilidad los diversos documentos, recibos y comprobantes que tienen que ver tanto con tus ingresos como con tus gastos. Algunas personas mantienen todos sus recibos deducibles de impuestos en un sobre con un compartimiento para cada mes del año. Otros sobres, más pormenorizados, te permiten guardar los recibos sobre una base semanal, en el transcurso de 52 semanas.

Yo personalmente pienso que una carpeta de tres anillas funciona tan bien como cualquier otra cosa. Puedes insertar separadores para cada mes y agregar sobres plásticos con tres perforaciones que te permiten tanto conservar como observar los recibos y documentos que archivas. Si tus gastos en determinado mes son considerables, utiliza simplemente más de una hoja para este mes.

Si posees alguna propiedad, puedes hacer espacio dentro de tu carpeta específicamente para archivar y guardar las transacciones relacionadas con tal propiedad. Esto es asimismo válido para otros asuntos relacionados con impuestos, tales como pagos por guardería infantil, gastos en salarios a empleados, información relacionada con la búsqueda de empleo y activos depreciables.

Una guía decente de cómo organizar tu carpeta de impuestos se obtiene con frecuencia al revisar las declaraciones de impuestos de años anteriores. Toma nota de qué tipo de formularios archivaste. Es posible que también para el año que viene necesites espacio en tu capeta para este particular tipo de documento relacionado con impuestos. Algunos usan un *software* de administración financiera para archivar todos los ingresos y gastos inmediatamente después de cada transacción a lo largo del año. Esto está bien si eres capaz de mantener este tipo de diligencia. Me parece que es innecesario utilizar tales programas para mantenerse organizado y, eficazmente, cumplir a tiempo con los impuestos.

Para la mayoría, la parte fundamental de los gastos se puede rastrear con facilidad en la chequera familiar y las principales tarjetas de crédito. Cada vez más, los principales vendedores, en especial Visa y MasterCard, publican un conciso y cómodo compendio por categorías para todos los gastos que tuviste el año pasado.

Es obvio que si has hecho cualquier inversión al contado susceptible de ser deducible de impuestos, necesitas tener un recibo. Esto puede incluir donaciones de dinero en efectivo a organizaciones de caridad o cualquier otro desembolso al contado. Para facilitarte las cosas, establece la práctica de pagar con tarjeta de crédito o cheque todo cuanto remotamente pueda ser deducible en tu declaración de impuestos. De esta manera, para el fin del año, podrás completar la documentación entre estas dos fuentes principales de información financiera.

Elige un día, toma los recibos y documentos y comienza a ubicarlos en áreas tales como «viajes en aviones», «hoteles», «suministros de trabajo», «suministros escolares», «cuentas por servicios públicos» y «mantenimiento y reparación del coche». ¡Ya conoces estas categorías porque has tratado con ellas durante años!

Puedes terminar con 15 o 20 pilas sobre la mesa frente a ti. Ubícalos todos, por completo, hasta que cada trozo de papel esté archivado en algún lugar. Para los asuntos difíciles de clasificar, crea un archivo titulado «miscelánea». Entonces sujétalos con clips, engrápalos, o júntalos de alguna otra manera para que tengas quince o veinte grupos razonablemente ordenados.

Saca la suma de cada categoría con ayuda de una calculadora y anota esta suma sobre un papel adhesivo sujeto al primer recibo. Después crea una página-sumario de todas las categorías y todos los totales.

Revisa con cuidado la información pormenorizada de la compañía de tu principal tarjeta de crédito para incluir cualquier gasto reflejado allí de manera concisa y que de otro modo no se hubiera incluido en tu sobre-archivo anual. Después de esto, haz lo mismo con tu chequera.

Si has expedido un cheque por un artículo que es deducible de impuestos pero careces de documentación sobre él, agrega esta suma a la categoría apropiada. Cuando hayas terminado, tendrás toda la información sobre los gastos necesaria para hacer exitosamente reclamaciones completas y ordenadas en tus declaraciones de impuestos, o al menos la suficiente documentación para sobrevivir una auditoría sin demasiados problemas.

En cuanto a tus ingresos

Procede de la misma manera con las declaraciones de tus salarios o ingresos. Sigue clasificando y resumiendo hasta obtener una simple hoja donde esté condensado tu ingreso anual. Éste te proporciona una documentación clara y completa con la que archivar la documentación sobre tus impuestos.

Si en los años anteriores has tenido noticias de Hacienda o del departamento de contribuciones de tu país, vuelve a leerlas, sobre todo si implican una corrección a tu declaración. De esta manera, puedes minimizar la posibilidad de cometer el mismo error en la declaración del año en curso.

Software para la preparación de declaraciones de impuestos

¡El *software* para la preparación de declaración de impuestos se ha perfeccionado! Si ya lo utilizas, entonces sabes cuánto más rápido y fácil es para preparar la declaración de tus impuestos en comparación con lo que era en los días en que tenías que proceder de una manera tediosa, renglón tras renglón, a través de todos los formularios de impuestos que te veías obligado a presentar. Si nunca antes has utilizado el *software* para la preparación de declaración de impuestos, empieza ahora, o tendrás que afrontar otras quince horas de completa y absoluta pesadez.

A través del departamento de contribuciones de tu país, seguramente te podrás proveer de varios *softwares* para rellenar los formularios de tus declaraciones de impuestos. La variación entre los programas de *software* no es demasiado grande. Cada uno tiene una interfaz de uso fácil. Comienzas por hacer una relación de la información básica y luego simplemente pulsas el botón que dice «next». A medida que respondes a una pregunta tras otra, el *software* recopila tu información para un uso apropiado y muy exacto a la hora de confeccionar las declaraciones de impuestos.

Basándote en las respuestas a las preguntas que haces, procedes por uno u otro camino. El *software* está diseñado de tal modo que llena automáticamente los formularios que necesitas completar a base de tu situación en cuanto a los impuestos. Cada uno de los programas de *software* contiene opciones que te permiten volver al cuadro que veías anteriormente en la pantalla, variar datos o información, preparar una hoja de trabajo al momento o examinar la información actual sobre la declaración de impuestos.

El *software* de preparación de declaraciones de impuestos permite también plantear las preguntas tipo «qué si... ». En otras palabras, si eliges presentar documentos de un modo versus otro, puedes ver rápidamente las ramificaciones de tu selección.

59 Contrata a un profesional de la organización

¿Necesitas ayuda? ¿Has considerado alguna vez los servicios de un organizador profesional? Pueden ser sumamente útiles. Los que son buenos te ayudan no sólo a organizarte, sino también a mantenerte organizado. Examinaréis juntos las áreas de tu vida que se han desorganizado y las reordenaréis de modo que trabajen para ti.

Un buen organizador profesional pone énfasis no sólo en principios relativos a la ubicación. Si un organizador ha llegado y simplemente «lo hace todo por ti» sin enseñar principios y sin hacerte participar de manera activa en el proceso, no es probable que mantengas ninguno de tus lugares y espacios. Es bastante seguro que, andando el tiempo, las cosas se te volverán a desorganizar.

Cuando conoces la razón por la cual has de colocar las plumas a la derecha, el papel en la parte superior del cajón central, etcétera, tienes una mayor probabilidad de mantener tu sistema. Una vez que el organizador profesional se haya marchado, ¿deseas volverte dependiente a largo plazo? Lo que quiero decir es: ¿deseas tener que pagar a alguien gruesos fajos de billetes de cada vez que tus asuntos se descontrolen? ¡Creo que no!

Sin embargo, si lees y sigues realmente los consejos de este libro, no tendrás necesidad de pagar un dineral a un organizador profesional.

60 Divide, literalmente, y vence

Cuando tenía catorce años, mi madre me pidió que reorganizara nuestro cuarto para los trastos. Incluso en aquella tierna edad comprendí que este diminuto espacio nunca se volvería organizado a no ser que yo, de alguna manera, dividiera y separara los espacios de modo permanente. La habitación tenía alrededor de 1,5 metros por 1,5 metros y carecía de puerta. Simplemente, tenía una entrada abajo, junto a la escalera, al lado del lavadero. Al entrar, a la derecha, había cinco estantes empotrados. A la izquierda, había un par de perchas para abrigos y chaquetas.

Aunque era un espacio pequeño, reinaba allí un caos más allá de toda razón y esperanza. Nos servía de cuarto para los trastos y contenía pelotas de tenis, alambres, sobrantes de cables telefónicos, guantes, mitones, tuercas y tornillos, linternas, baterías y algunos objetos cuya identidad jamás en la vida podría determinar.

Recorrí toda la casa en busca de cajas de zapatos vacías y logré reunir alrededor de seis o siete, que me parecieron suficientes. Regresé a la habitación y comencé a agrupar los objetos que parecían similares. Empecé por el estante del medio porque era el más fácil de ver y alcanzar. Allí había bastantes pelotas de tenis, de tenis de mesa y de golf como para llenar una caja de zapatos de gran tamaño. Después llené otra caja de zapatos con alambres, cables telefónicos, extensiones, tomacorrientes de pared, interruptores de luz extra y otros pequeños útiles eléctricos.

Ya que no disponía de todas las cajas de zapatos que necesitaba, puse los mitones y guantes ordenadamente entre la caja de «pelotas» y la «eléctrica». En otra caja de zapatos, ubiqué cuñas que se ponen debajo de la puertas, protectores de las patas de los muebles (pequeñas gomitas circulares que se colocan debajo de las patas de las mesas y los sofás para preservar las alfombras), los trapos para sacar el polvo, una escobilla y otros objetos que no parecían combinar con nada.

En el próximo espacio, junté latas y recipientes que podían mantenerse verticalmente en su lugar, tales como insecticidas, aceite «tres en uno», loción de hiedra venenosa, fertilizantes en aerosol y otros productos similares. Una vez más, no utilicé cajas para zapatos. En vez de esto, dejé que los espacios entre las cajas me sirvieran de compartimentos. Ahora, el estante completo, formado por cinco compartimentos, estaba terminado. Era agradable para la vista y mucho más organizado que antes de haber comenzado mi tarea. Entonces, de la misma manera y con el mismo espíritu, me dediqué a los otros estantes.

En el espacio entre el piso y el fondo del primer estante coloqué los objetos más grandes, aquellos que si caían podían causar un daño. En los estantes más altos coloqué los artículos más livianos, los que se usaban pocas veces y, quizás lo más importante, los que se podían ver con facilidad por una persona de corta estatura, como mi madre.

Algunos de los objetos que encontré no pertenecían en absoluto a este trastero. En esto no hay nada asombroso. Reubiqué tales objetos en sus lugares adecuados, como el garaje, el lavadero, la cocina o el patio trasero. Algunas cosas no merecían ser conservados, así que las deseché. Otras eran duplicados innecesarios, y me deshice de ellas.

Cuando mi labor estaba terminada, me detuve a examinar los resultados. El trastero, que había sido un caos total, era ahora un lugar ordenado, funcional y (¿me atreveré a decirlo?) espacioso.

El tiempo real que me tomó reordenar cada uno de los estantes no sobrepasó unos cuantos minutos. La reubicación de los objetos que estaban mejor en otros lugares de la casa me tomó más tiempo, pero no fue una tarea difícil.

Varios años más tarde, cuando era estudiante de los últimos años de la escuela secundaria y luego de la universidad, mis esfuerzos organizativos en este trastero siguieron prevaleciendo, ¡no miento! La clave consistía, literalmente, en dividir los objetos y crear separaciones permanentes. Con seguridad, un par de artículos estaban fuera de lugar, y los compartimentos en cada estante no estaban tan ordenados. También, algunos nuevos artículos habían sido colocados en el trastero (presumiblemente para mí, para que viniera y me aplicara). Así y todo, seis años después de mis esfuerzos iniciales, incluso ante la predecible entropía que presupone un hogar donde conviven seis personas, el trastero permanecía organizado en lo esencial. Mi arte organizativo había prevalecido.

Las ideas que adquirí en el cumplimiento de esta tarea quedaron conmigo en las décadas siguientes: si uno tiene a su disposición contenedores, separadores y herramientas apropiadas, la organización física de un espacio o lugar en la vida es perfectamente factible. Puedes vencer. Puedes mantener tus posesiones en orden. Puedes encontrarlas cuando las necesites. Y entonces puedes hacer gala de tu maravilloso trabajo.

Bibliografía

ARCHIBALD, R.: *Managing High-Technology Programs and Projects*. Wiley, Nueva York, 1998.

ASLETT, D.: *Clutter Free Finally and Forever*. Pocatello, ID: Marsh Creek Press, 1995.

CATHCART, J.: *The Acorn Principle*. St. Martin's Press, Nueva York, 1998.

DAVIDSON, J.: *101 Internet Marketing Secrets*. Entreprenuer Press, Irvine, California, 2002.

DAVIDSON, J.: *Breathing Space. MasterMedia*, Nueva York, 2000.

DAVIDSON, J.: *The Complete Guide to Public Speaking*. Wiley, Nueva York, 2003.

DAVIDSON, J.: *The Complete Idiot's Guide to Managing Stress*. Alpha Books, Nueva York, 2001.

Davidson, J.: *The Complete Iidiot's Guide to Managing Your Time*. Alpha Books, Nuva York, 2002.

DAVIDSON, J.: *The Complete Idiot's Guide to Reinventing Yourself*. Alpha Books, Nueva York, 2001.

DAVIDSON, J.: *Marketing Yourself and Your Career. Adams Media*, Avon, MA, 1999.

DAVIDSON, J.: *The 60 Second Procrastinator*. Adaqs Media, Avon, MA, 2003.

FELTON, S.: *Messie's Manual. Fleming*, Grand Rapids, MI, 1983.

FRITZ, R.: *Path of Least Resistance*. Ballantine, Nueva York, 1989.

HALL, E.: *The Hidden Dimension*. Doubleday, Nueva York, 1986.

HEDRIC, L.: *Five Days to an Organized Life*. Bantam Doubleday Dell, Nueva York, 1990.

HEMPHILL, B.: *Taming the Paper Tiger*. Kiplinger Books, Washington, 1996.

KIMELDORF, M.: *Serious Play*. A Leisure Wellness Guidebook. Ten Speed, Berkeley, 1994.

KOSTNER, Ph. D., J.: *Knights for the TeleRound Table*. Warner, Nueva York, 1994.

LEVASSEUR, R.: *Breakthrough Business Meetings*. Adams Media, Avon, MA, 1994.

MARKHARN, U.: *The Elements of Visualization*. Element Books, Rockport, MA, 1989.

MASLOW, Ph.D., A.: *Toward a Psychology of Being*. Wiley, Nueva York, 1968.

MOORE-EDE, Ph. D., M. *The Twenty-Four Hour Society*. Addison-Wesley Reading, MA, 1993.

MOSKOWITZ, R.: *How to Organize Your Work and Your Life*. Mainstream Books, San Diego, 1981.

OLIVER, J. D.: *Contemplative Living. Dell Books*, Nueva York, 2000.

PAGONIS, W.: *Moving Mountains.* Harvard Business School Press, Cambridge, MA, 1992.

SALBURY G.: *The Art of the Fresh Start.* Health Communications, Deerfield Beach, Florida, 1995.

SUGARMAN, J.: *Success Forces.* Contemporary Books, Chicago, 1980.

WILLIAMS, P.: *Getting a Project Done on Time.* AMACOM, Nueva York, 1996.

WYDRA, N.: *Designing Your Happiness.* Heian International, Torrance, CA, 1995.

WYDRA, N.: *Feng Shui Goes to the Office.* Contemporary Books, Nueva York, 2000.

ZEER, D.: *Office Yoga: Simple Stretches for Busy People.* Chronicle Books, San Francisco, 2000.

Índice

Parte 3: Escucha y trázate el camino

Parte 4: Exige tus lugares y espacios

Parte 5: Organiza viajes, reuniones y actividades *on line*

EL HOMBRE MÁS RICO QUE JAMÁS EXISTIÓ

Steven K. Scott

En este breve pero potente libro, el multimillonario y autor de best sellers Steven K. Scott revela las avanzadas estrategias del rey Salomón para conseguir una vida de éxito económico y de realización personal.

A Steve Scott le fue mal en todos los trabajos que tuvo durante los seis primeros años tras su paso por la universidad. No conseguía tener éxito, a pesar de los muchos esfuerzos que hacía para alcanzarlo. Entonces, el doctor Gary Smalley le propuso que se leyera el libro de los Proverbios, asegurándole que, de hacerlo así, alcanzaría mayor éxito y felicidad de lo que jamás hubiera imaginado. Y sus palabras se hicieron realidad, convirtiendo a Scott en multimillonario.

En *El hombre más rico que jamás existió*, Scott revela las claves de Salomón para ganar cada carrera, explica cómo resolver los conflictos y convertir a los enemigos en aliados, y desvela las cinco cualidades esenciales para convertirse en una persona valorada y admirada, tanto en el trabajo como en la vida personal.

Scott ilustra cada una de las ideas y de las estrategias de Salomón con anécdotas de sus éxitos y fracasos personales, así como de personas tan extraordinarias como Benjamin Franklin, Thomas Edison, Oprah Winfrey, Bill Gates y Steven Spielberg.

El hombre más rico que jamás existió es un libro tan inspirador como instructivo, que se entreteje sobre las eternas verdades de una de las mayores obras de la literatura en un mapa detallado que le llevará a una vida de éxito en nuestros días.

LAS LEYES DEL ÉXITO
Napoleon Hill

Las leyes del éxito son todo un clásico que reúne las mundialmente famosas lecciones de Napoleon Hill. Compiladas en dos cómodos volúmenes, representan un tesoro que contiene todo lo que hay que saber para tener éxito en la vida. Es un lujo para Ediciones Obelisco hacer posible que las palabras atemporales de la sabiduría de Napoleon Hill estén disponibles para enriquecer las vidas de las nuevas generaciones.

Cada pensamiento de Napoleon Hill es como un hacha capaz de romper el hielo de nuestros corazones y ampliar nuestros horizontes. La fuerza de su legado, sintetizado magistralmente en la frase «lo que la mente de un hombre puede concebir y puede creer, también lo puede lograr», se alimenta con los años potenciándose inexorablemente con cada triunfo de todas las personas que siguen sus consejos.

NAPOLEON HILL (1883-1970) ha sido quizá el hombre más influyente en el área de la autosuperación de todos los tiempos. Su obra ha ayudado millones de personas a alcanzar el éxito personal y profesional.

PROPONERSE METAS Y ALCANZARLAS
Jack Lawson

Los seres humanos necesitamos fijarnos metas y, lo que es a veces aún más importante, queremos que los demás reconozcan nuestros éxitos.

Lograr nuestras metas puede parecer algo mágico o dependiente de la suerte o el destino, pero no es así. Nuestros logros son el resultado de una preparación minuciosa, aunque a menudo inconsciente. En el presente libro, Jack Lawson nos enseña no sólo a establecer metas conscientemente, sino a alcanzarlas con éxito en cualquier campo de la vida.

LA LLAVE MAESTRA
Charles F. Haanel

Algunas personas parecen atraer el éxito, el poder, la riqueza y la realización con muy poco esfuerzo consciente; otras lo conquistan con gran dificultad, mientras que algunas, por mucho que lo intenten, no consiguen alcanzar nunca lo que ambicionan, sus deseos y sus ideales. ¿A qué se debe esto? ¿Por qué algunas personas realizan sus sueños con facilidad, otras con dificultad y otras no los consiguen en absoluto? La respuesta se halla en este libro.

La Llave Maestra le descubrirá los principios correctos y le sugerirá métodos para realizar su aplicación práctica y eficaz. *La Llave Maestra* se basa en verdades científicas absolutas y desplegará las posibilidades que están inactivas en cada individuo, enseñándole a llevarlas a una acción poderosa para aumentar su capacidad efectiva, aportando una energía, un discernimiento, un vigor y una elasticidad mental añadidos. *La Llave Maestra* ha cambiado las vidas de miles de hombres y mujeres, ya que ha sustituido unos métodos inciertos y confusos por unos principios definidos, accesibles y prácticos.

CHARLES F. HAANEL, un auténtico hombre de éxito, nació en Michigan en 1866 y destacó notablemente en el mundo de los negocios. Autor de numerosos libros de éxito como *Los sorprendentes secretos del yogui* y *La puerta de la prosperidad*, logró reflejar en ellos los principiosde su éxito. *La Llave Maestra,* su obra más importante, se ha convertido en uno de los libros de autoayuda más leídos de todos los tiempos.